MAÏNA LECHERBONNIER

Après des études de droit, Maïna Lecherbonnier exerce diverses activités entre la France et l'Afrique, puis se tourne vers l'écriture. En 2005, cette jeune femme de 31 ans séduit les amateurs de littérature érotique avec ses *Carnets intimes d'une jeune fille pas rangée* (paru initialement aux éditions Blanche sous le titre *Exercices sexuels de style*), grâce à son écriture décomplexée et à la force de ses évocations de l'acte charnel. En 2006, elle poursuit son exploration des désirs et des fantasmes dans *Exercices sexuels de style* 2.

CARNETS INTIMES D'UNE JEUNE FILLE PAS RANGÉE

MAÏNA LECHERBONNIER

CARNETS INTIMES D'UNE JEUNE FILLE PAS RANGÉE

ÉDITIONS BLANCHE

Cet ouvrage a précédemment paru sous le titre :
Exercices sexuels de style

ISBN : 978-2-266-16704-8

Préface

Maïna L., ou l'empire des sens

La petite coquine est bien faite, et je jure qu'avant la fin du jour, je saurai le goût de son foutre.

Sade, *Histoire de Juliette,* I.

Si je devais, d'un mot, résumer Maïna et ses œuvres, sans doute parlerais-je d'innocence. Nul vice ou perversion chez cette jeune femme – toujours jeune, et très femme. Ni dans ses écrits.

Si elle appelle un chat une chatte (et plus innocemment encore une foufoune, mot d'enfant qui n'en connaîtrait que ce que lui en dit son doigt), c'est que le mot « propre » ne lui paraît jamais sale. Quand le cul la démange, elle y met une queue. Et même deux, souvent. Rien n'égale, dit-elle, sur les bords d'un anus extasié, l'exquis grattouillis des poils pubiens de l'homme qui vous encule, sinon le frottement complice de deux bites arpentant de concert le vagin vorace et le rectum repu.

Si j'ose un deuxième mot, ce sera gourmandise. Les récits de Maïna mettent les cinq sens en fête. En pourléchant les couilles d'un Africain ravi (elle a longtemps vécu en cette corne du continent noir où les hommes ont la dégaine alerte et la queue magistrale), elle se rassasie de sa saveur musquée – sa jungle et sa savane,

son désert ou son reg. Elle a même cette capacité si rare, dans nos contrées castrées, de renifler les phéromones mâles et d'en tirer des jouissances immédiates. Gourmande et même gourmet, elle a sagement mâché, avant de les boire, des foutres de toutes origines : saveur salée de l'un, d'amande amère de l'autre, rondeur et longueur en bouche ou excès de jeunesse. Alors, elle laisse le sperme rouler sur sa langue pour lui donner le temps de s'ouvrir, et d'exprimer puissamment ses arômes. Ses mains cependant explorent les pleins et les déliés des corps qui s'abandonnent : dans des orgies échangistes elle a souvent joué, les yeux bandés, à deviner l'identité de ses amants en parcourant les épidermes du bout des doigts et de la langue. Et quelle musique céleste que les râles de ce trio d'aveugles déchargeant à l'unisson dans son cul, son con et sa bouche...

Mais s'il est un sens plus particulièrement en alerte dans sa vie comme dans ses récits, c'est celui de la vue. Photographe par vocation, voyeuse par plaisir, elle fige avec élégance les assauts les plus sauvages, dont elle est en même temps la victime comblée.

Les courts textes qui suivent se déroulent donc dans un monde d'avant la Faute. Ni culpabilité, ni jalousie. Partant, peu de violence. Une fessée l'amuse, mais la cravache n'est pas son fait. Son innocence s'arrête pile à la porte de l'Enfer.

Je ne l'en aime pas moins. Je croyais avoir révoqué à jamais les grâces tendres et les jeux enfantins. J'ai trouvé dans ces fragments très autobiographiques une volupté neuve : l'absence absolue de morale. Et je me suis promis une chose, en refermant ce livre : je lui rendrai un jour le plaisir qu'elle m'a donné.

Florence Dugas

2 = 1

— J'aimerais vraiment être prise par deux hommes à la fois, dit Maïna à son mari.

— Bien, répond ce dernier. Mais quand ?

— Dès que possible.

— Moi et un autre ?

— Non ! toi, tu regarderais. Deux hommes que nous ne connaissons pas. Je me fie à ton jugement.

Il aura fallu deux ans de vie commune pour qu'elle ose faire part à Jean, son mari, de son extrême désir de double pénétration. Elle a déjà expérimenté cette pratique, qui comble tous ses vœux en comblant tous ses trous, et lui voue un véritable culte. Mais deux ans sans être chevauchée par deux cavaliers éperdus !

— De gros calibres, précise-t-elle à son mari. Plus gros que le tien.

Jean, son époux, ignore tout de la jalousie, ce « tue-l'amour » sournois – mais il n'est pas étranger à l'envie, et elle sait combien il la trouvera belle, empalée doublement sur deux phallus majuscules, combien aussi il enviera les deux hommes qui l'écartèleront. Elle aime assez l'amener au bord de l'eau et l'empêcher de boire.

Attaché à son sourire comme à son plaisir, il cherche d'abord l'objet de son tourment dans les différents endroits fréquentés par des hommes prompts à exhiber

des sexes épanouis, mais n'en trouve aucun plus grand que le sien. Il va abandonner ses recherches, quand il a l'idée d'essayer le sauna de Barbès, où se rassemble une faune étrange et colorée. Là seulement, il trouve ce qu'il cherche.

Le lendemain, il amène sa double trouvaille à Maïna. Deux Noirs de haute stature, fins comme des hommes du désert. « Des Maliens, peut-être », pense Maïna qui a longtemps vécu en Afrique, et expérimenté là-bas bien des hommes de toutes les nuances. Mais elle bat des mains comme une petite fille en voyant les sexes monstrueux qu'ils révèlent en abandonnant leurs derniers vêtements.

Elle se débarrasse à son tour de la robe de chambre légère qui l'enveloppait, s'accroupit entre eux et saisit dans ses mains ces deux barres de chair noire, pendant que son mari se glisse derrière l'appareil photo qu'elle a installé sur son pied, à trois mètres de là. Elle a disposé deux grands parapluies réflecteurs, et plusieurs spots adroitement orientés pour ne rien perdre du souvenir de la scène.

Les deux verges durcissent rapidement dans ses mains moites de désir. Elle reconnaît d'abord l'odeur de l'Afrique – cette senteur de musc, de sueur sèche, ce parfum de brousse et de désert qui suinte de l'aine des deux hommes. Puis elle en reconnaît la substance d'ébène – à la fois la couleur et le grain d'un bois dur, comme si les deux hommes étaient deux idoles apportées par un collectionneur pour son plaisir mécanique. Elle ferme les yeux en posant sa bouche sur l'un des glands violets, curieusement effilé – alors que l'autre s'épanouit dans la largeur, comme le casque d'un samouraï. Elle le gobe, enroule sa langue autour de la chair rêche, qu'elle barbouille de salive. Elle garde les yeux fermés. Les souvenirs remontent en elle – des fleuves lents, des cris d'oiseaux hurleurs, et le glisse-

ment des pirogues... Elle sent le fleuve couler en elle avec le souvenir, petite source dans sa tête qui s'évase dans son corps et jaillit enfin de son ventre – elle mouille si fort que la cyprine coule sur ses cuisses.

Elle entend vaguement les déclics de l'appareil photo. Elle a demandé à Jean de faire essentiellement des gros plans – et, photographe jusqu'au bout de l'âme, elle imagine très bien, tout en passant d'une queue à l'autre, les plans, dans l'objectif, de sa bouche dilatée par l'un ou l'autre des membres monstrueux qui vont certainement la déchirer.

L'un des Noirs enfin s'allonge sur le dos, elle vient sur lui et s'empale sur le phallus géant. Son vagin, pourtant parfaitement lubrifié, peine à accepter le gland énorme. Elle n'a jamais eu d'enfant, mais elle pense à un accouchement à l'envers – tandis que l'appareil crépite, saisissant en gros plan l'effort de son ventre pour avaler le sceptre du roi nègre.

L'autre homme se penche sur elle et pose l'extrémité effilée de sa verge sur l'anus blond. Elle a pris soin de le lubrifier avant même leur arrivée, mais la dilatation est tout de même considérable, tandis qu'il s'enfonce en elle, d'une seule poussée rectiligne.

« Jusqu'où s'enfoncera-t-il ? » s'inquiète-t-elle – et l'angoisse qui la saisit déclenche soudain un premier orgasme qui contracte violemment son rectum et bloque un instant la progression de la barre de bois de fer. Mais très vite, il recommence à la forer. Elle s'est infligé un lavement, juste avant leur venue, pour leur éviter de se souiller aux boues de son derrière, mais l'homme a un pieu tellement long qu'il remonte au plus profond de son intestin, fouille parmi les matières, pousse encore – les poils rêches et bouclés frottent enfin contre ses fesses : la voilà enculée comme elle ne l'a jamais été.

L'homme sous elle la tient fermement dans ses bras, sa queue aboutée à la bouche avide de l'utérus, comme

s'il voulait faire exploser cette membrane délicate. Les deux queues à présent se frottent l'une contre l'autre, à travers elle, grossissent encore de cette excitation commune – et bientôt ne font en elle qu'une seule masse de bois noir, comme si la paroi fragile entre son vagin et son cul s'était élimée, effacée.

— Jean ! s'écrie-t-elle soudain, au moment où un second orgasme la balaie comme un cyclone.

Comment dire autrement à son mari l'amour qu'elle lui porte, tandis qu'elle est emportée sur les vagues, loin très loin, de retour en Afrique ?

Plus tard, après les avoir congédiés avec une récompense adéquate, Maïna s'installe devant son ordinateur, branche la cellule de l'appareil photo, et l'une après l'autre retravaille chaque image des soixante-neuf clichés faits par Jean. Elle les recadre, lâchant régulièrement la souris pour se branler, au souvenir encore cuisant des dilatations insensées que lui ont imposées les deux hommes. Elle tire enfin les photos, sur un papier brillant. Le contraste entre sa peau si blanche et les membres d'ébène est saisissant, et accroît encore son excitation. Les photos couleur paraissent presque avoir été tirées en noir et blanc.

Elle dispose les photos sur leur lit conjugal, et s'allonge sur les clichés. Le contact sur son épiderme nu du papier glacé la fait frissonner. Mais à la regarder ainsi, silhouette pâle sur les clichés contrastés, Jean connaît une érection formidable. Il se couche sur Maïna, s'engouffre dans le vagin encore bâillant des distorsions qu'il a dû subir tout à l'heure, la lime avec férocité, la retourne et l'encule, la bourrant avec une violence étrange, comme s'il voulait effacer de son rectum dilaté jusqu'au souvenir des deux barres de chocolat noir qui ont si bien fait jouir sa femme tout à l'heure.

Dieu est mon gode

Ni son mari, ni aucun de ses amants ne suffisent plus à Maïna. Depuis qu'elle a entamé une surenchère permanente dans le calibre des queues qu'elle enfourche, aucun homme de chair n'est plus à même de la satisfaire, sinon épisodiquement.

Elle parle alors à Jean de l'une de ses amies, dans le milieu parisien branché cul, qui lui a indiqué l'existence d'un gode en latex d'une vérité époustouflante, et reproduisant les mêmes épouvantables mensurations du légendaire hardeur américain, John Holmes, surnommé « le Roi » à cause des effrayants trente-trois centimètres de sa sculpturale queue. Cet homme est l'auteur de plus de mille films vidéo, dont les plus célèbres sont *Irruptions, Les Légendes de Casanova* et *Les Infirmières salaces.* Cet acteur a le privilège d'avoir couché, d'après sa notice biographique, avec plus de quatre mille femmes, ce qui le rend fort sympathique aux yeux de Maïna, provisoirement motivée par l'extrême statistique.

Son mari qui a bien perçu son impatience ne tarde pas à se procurer le spécimen grandeur nature du phallus du Roi.

Lorsqu'il rentre, qu'il tend à sa femme le paquet oblong qu'il a pris soin d'envelopper d'un papier cadeau, et qu'elle découvre – arrachant le papier avec

une avidité d'enfant – la taille de la bite qui va tout à l'heure la ravager, Maïna se sent couler comme une femme-fontaine. Elle se trémousse comme une petite fille saisissant sa nouvelle Barbie.

Jean s'amuse de son impatience, et, d'un geste adroit, lui subtilise l'objet de ses délices avant même qu'elle ait pu refermer la main sur la verge de latex.

— Tu ne l'auras pas tout de suite, dit-il, je veux te voir saliver.

Maïna s'est débarrassée de sa robe – et, comme souvent, elle ne porte rien dessous. Jean a saisi l'un de ses godes préférés, le brandit, lui en caresse la joue, les seins, le ventre. Elle tombe à plat ventre sur le canapé bas, geint et se tord comme une chatte en chaleur – et sa chatte est effectivement brûlante. Elle attend de se faire prendre. Elle tend les fesses, creuse les reins, ouvre ses cuisses – elle se fait très salope pour qu'il abrège son supplice.

Rien ne semble le perturber. Après avoir mis en route un film porno, il choisit calmement, dans le tiroir de la commode où il range les outillages de leurs soirées spéciales, la reproduction du sexe d'un Noir tel que les petites Blanches se l'imaginent dans leurs fantasmes. Maïna n'a pas encore osé s'en servir, tant son calibre et son noir profond la déroutent. Mais elle est tellement trempée que sa chatte avale, dévore le gode noir qui s'enquille dans sa motte sans coup férir. Sa croupe roule autour du phallus noir, pendant que sur l'écran de la télévision Rocco Siffredi joue à explorer les antres d'une actrice qu'il partage avec un acteur noir fortement membré. Entre une seconde actrice, qui après avoir savamment léché les couilles de l'Italien vedette et de l'étalon black, entre dans le jeu, offrant son cul à une double pénétration talentueuse.

Les mouvements de va-et-vient du gode dans le vagin dilaté de Maïna et le spectacle du DVD la sti-

mulent assez pour qu'elle enchaîne deux orgasmes avec une rapidité qu'elle n'imaginait pas même possible.

Jean retire délicatement le gode d'ébène du vagin de sa femme et se met à genoux comme devant une reine, pour lui offrir la reproduction certifiée conforme du braquemart de John Holmes. Il le sort cérémonieusement de la gaine de soie rouge où il était emballé – et elle ne peut s'empêcher, dans cette pochette oblongue, de voir le modèle de ce que sera, dans quelques minutes, son vagin distendu. Quant à son cul, elle n'ose même pas y penser – et pourtant, forcément, elle y pense : elle ne sortira pas de l'aventure sans quelque dommage permanent ! Si son anus, qui en a déjà beaucoup vu, résiste, son rectum déchiré lui sera une mutilation permanente... Elle sait qu'un de ses amis, pour ne pas avoir résisté à l'appel de la bête et du braque géant, s'est définitivement distendu le muscle anal, et qu'il souille régulièrement ses slips...

Jean lui glisse d'abord le gode royal entre les mains, et elle peut constater à quel point le phallus de Holmes ressemble davantage à un troisième bras qu'à un sexe ordinaire ! Il y a, dans ce membre factice, de la bite de taureau – un nerf de bœuf plus propre à la frapper, à la matraquer, qu'à la pénétrer – du moins, pas sans dommage.

Pour de l'hyperréalisme, c'est de l'ultraréalisme. Le sexe de John Holmes moulé en UR3.0. La légende est de retour ! Modelé précisément sur le sexe du légendaire personnage. Chaque veine, chaque courbe, chaque aspérité est reproduite et recréée parfaitement dans la matière synthétique plus belle que nature – et celle-là, au moins, ne débandera pas.

Maïna se met à le tâter, à le caresser comme un vrai membre de chair, et à se préparer psychologiquement à l'accueillir en elle. Elle sait que Jean aura toute la

tendresse requise – mais aussi toute la fermeté : elle l'a voulu, elle l'aura. À fond.

Comme à son habitude, il commence à la fouiller avec ses doigts. Il caresse son point G de plus en plus précisément au fur et à mesure que son sexe s'ouvre.

Jean allonge Maïna soigneusement à plat ventre sur le sofa dressé comme un autel. Sans arrêter d'agacer son point G, il enduit ensuite le trou de son cul de vaseline. Il la lime avec précision – deux, puis trois puis quatre doigts, il y mettrait la main s'il ne se raisonnait pas –, il la chauffe comme une braise humide, tandis que le film de cul défile sur le grand écran. Maïna sait que son gentil mari veut lui éclater la rondelle – son péché mignon. Elle n'en peut plus, elle veut être prise partout, par tous. Dans sa chatte déjà chauffée à blanc par ses doigts, il renfonce le gode noir, pour préparer l'intrusion de la bite fantastique du roi Holmes, puis le retire.

Maïna, haletante, est en manque. Elle veut sentir en elle ce pieu sidérant. Elle gémit, elle se tord sur place tandis que son corps prend la mesure du monstre qui s'épanouit entre ses cuisses. Alors que plus de vingt centimètres forent son ventre, Jean, l'air de rien, darde sa queue sur son anus cendré et l'encule d'importance. Planté en elle, il presse le gland de l'obélisque John Holmes sur les lèvres de la chatte affamée de son épouse.

Très vite, Maïna se rend compte que la pénétration du seul gland de Holmes la comble merveilleusement, bien au-delà de tout ce qu'elle a jusqu'ici imaginé. Le sexe de son mari dans son cul n'est qu'un amusement – un cure-dents –, tant le nerf de Holmes irrigue la grotte vaginale. Elle a l'impression de voyager de Paris à Londres en passant par la Manche avant de faire le tour du monde et atterrir sur son sofa, trône de massage

de toutes les reines du monde. Comblée, honorée, respectée, comme jamais femme ne l'a été avant elle.

Jean et John se confondent l'un dans l'autre et les deux avec elle, leur reine de ce soir.

C'est alors qu'elle sent son mari uriner au lieu d'éjaculer dans ses entrailles. La chaleur de sa pisse la lave de tous ses péchés antérieurs, de toutes ses impuretés et de tout le mal que cette merde de vie peut de temps en temps nous faire éprouver, tant l'écart entre le spirituel et le matériel est insupportable. La revoilà petite fille, en quête de son papa et de sa mère, petite fille incontinente, et elle pisse à son tour sur le phallus de John Holmes planté à moitié dans sa chatte, la libérant de toutes ses angoisses. Elle monte ainsi vers l'univers de l'esprit et de l'Éternité par l'élévation de la chair de son corps devenu l'esprit charnel offert en offrande à tous les dieux de l'amour de toutes les religions et de tous les sexes...

Halleluiah !

Jean retire son sexe du derrière bien dilaté de son épouse, et y glisse le gode black, avant de se décaler vers l'avant, pour offrir à la bouche de sa femme son beau cierge blanc. Elle le suce comme elle ne l'a jamais fait, pour lui vider les couilles d'ici à l'Éternité, fusionnant et communiant ainsi à travers sa bouche avec toutes les femmes qu'il a fait fantasmer et pleurer. Convaincu par la gorge profonde de Maïna qu'il est le maître de la baise, et qu'à ce titre les godes du roi Holmes et de l'empereur nègre plantés dans son ventre et son cul ne sont rien, il décharge brusquement, à longs traits, qu'elle avale comme elle avalerait le foutre d'un dieu barbare.

Parfum

Une règle s'était établie entre eux, étape par étape, au fil des jours, des semaines, des mois et des années que dura leur amitié complice.

Maïna sonne à la porte de l'immeuble. Dès que son amant actionne l'ouverture de la porte, elle doit se débrouiller pour se retrouver seule dans l'ascenseur qui l'amène au sixième étage. Avec son appareil photo dont elle ne se sépare jamais. Il est devenu une extension de son bras. Peut-être est-elle condamnée par les dieux et les diables à accomplir sa vocation, son sacerdoce de grand témoin de son époque. Esclave-objet de l'objectif.

Seule dans l'ascenseur, elle doit enlever son slip avant de sonner à la porte de son amant. Dès qu'il ouvre, elle tend l'appareil chargé au valet de pied en livrée qui, sans un mot, le saisit, ôte le cache de l'objectif, et rentre dans l'appartement.

Son amant saisit les mains de Maïna, les baise galamment, et l'attire à lui. Elle doit l'embrasser sans l'embrasser, en aspirant à haute voix avec ses petites lèvres peintes d'un rouge Dior, qui forment un « o » – un « ouf » comme pour sentir son parfum, son odeur. Cette courte cérémonie a pour effet de libérer toutes

ses phéromones, qu'il sent monter à ses narines, comme si la chatte parfumée de Maïna était d'emblée placée devant son nez.

Le déclic de l'appareil, que le valet manipule à trois mètres d'eux, marque la seconde étape : pour souligner le parfum de ces phéromones, elle glisse ensuite son slip, longuement frotté contre sa chatte, sous ses narines – et elle se rapproche de lui, pour sentir aussi ses propres émanations montant du tissu léger, ce qui a pour effet d'accroître encore le flux de ses sécrétions.

Les photos de leurs deux visages, qui se frôlent à travers la soie vaporeuse du slip, sont d'une sensualité touchante.

Maïna à son tour est arrivée à un stade où elle désire s'approprier sa part de butin du parfum. Le protocole exigeait donc qu'il l'accueillît lui aussi sans slip.

Mais elle ne se contente pas de la simple odeur du slip de son amant qu'ils reniflent ensemble, joue contre joue, pour humer les effluves de son organe : elle se l'accapare très vite, à genoux, comme un cornet chaud de glace vanille café.

Clic-clac, fait l'appareil, tandis qu'elle engloutit jusqu'aux poils la verge dressée comme une tendre menace.

Dès lors, le protocole ne varie guère. Après l'avoir sucé un bon moment, elle glisse à croupetons, la joue sur la moquette, et ouvre ses fesses à deux mains. Il s'agenouille derrière elle, et renifle longtemps, comme un chien habile, le trou du cul et la chatte imberbes. À ce stade de leur entrevue, elle mouille déjà très fort – et chaque déclic de l'appareil est comme une mini-pénétration de son âme et de son ventre. Mais déjà son amant se redresse, se débarrasse de son pantalon – et à son tour, plaquée derrière lui, elle entrouvre son cul

du bout du nez, avant de se lancer dans une feuille de rose voluptueuse.

Souvent, en lui léchant les couilles, elle ne peut s'empêcher de se branler – ce qui est formellement exclu par contrat préalable, et qui peut amener, s'il la surprend – et il la surprend toujours, car l'infraction elle-même fait partie du jeu – , une punition exemplaire.

Et déjà, la langue enfoncée dans le rectum de son amant, tout en se fourrageant la chatte avec délices, elle anticipe les claquements du martinet sur sa croupe offerte.

Ce n'est qu'après une fustigation longue et assez vigoureuse, qui lui met les reins et les fesses en feu (et son amant régulièrement s'interrompt pour humer le parfum du sang qui court sous la peau malmenée et colore de grenat son cul offert), qu'elle consent à se laisser baiser, ou enculer – le protocole est moins précis sur la fin de l'exercice.

Le valet de pied, cependant, continue à mitrailler la scène. Tous trois examineront plus tard les photos tirées en express sur papier glacé, avec des commentaires techniques qui feraient rougir une professionnelle.

DÉLATION

Maïna a eu une enfance comblée. Son père, souvent absent, la laissait aux soins de son oncle, plus âgé que lui, un célibataire endurci dont les mœurs équivoques, le libertinage forcené, convenaient bien à la jeune fille.

Elle avait tout au plus seize ans à l'époque. Sa journée commençait toujours par l'inspection de sa foufounette que son oncle – tenant lieu de père, d'amant, et surtout de psychiatre – examinait avec le plus grand soin. Sa petite chatte, habituée à l'attention que lui portait dès le matin son médecin, était prête à raconter, à son insu, toutes les aventures vécues la veille – voire les épisodes de la semaine et du mois passé. Ainsi ses lèvres muettes l'embarrassaient en la trahissant, en caftant toutes les intrigues qu'elle ne voulait pas raconter. Son cher tonton, cinéphile pornographique, appelait cet épisode matinal *Le sexe qui parle*, du titre d'un film fameux.

— Je lis en toi, disait l'oncle libidineux. Tu as trompé ta chatte avec ton cul.

— Et avec ma bouche, confessait la jeune fille couchée sur les genoux du tonton.

Ce n'était pas par vice qu'elle avait pris le goût de sucer, très jeune. C'était par altruisme. Par sacrifice même. Sa bouche était une pompe à aspirer les sexes

du monde entier, pour soulager la peine de tous ses amants – et les hommes du monde entier étaient ses amants en puissance.

Ce jour-là, dès le début de l'inspection, le tonton constate que le pourtour des grandes lèvres externes a subi des outrances répétées. En effet, depuis quelques mois, un amant très ardent lui envoie des flux énergétiques de l'extérieur à l'intérieur et de l'intérieur vers l'extérieur – et par toutes ses ouvertures. Bien qu'ayant confessé à son psychiatre les bienfaits et la bienfaisance procurés par cet amant brûlant grâce à ses multiples techniques de pénétration, elle n'a jamais osé lui avouer les chocs externes dus aux frottements reçus sur son bassin lorsqu'elle le chevauche violemment en tournant sur son pal, comme on tourne une cuillère dans du lait chaud plein de miel.

Ce partenaire, mélomane de son état, adore comparer l'acte sexuel à une symphonie musicale. Ainsi, au rythme un jour du piano, et l'autre du violon ou d'un grand orchestre dont ils organisent des partitions, il fait sortir du corps de Maïna, par tous ses orifices, et en particulier de sa chatte, une musique comparable à du Rachmaninov. Il est expert dans l'art de la caresse de tous les angles visibles et invisibles de son con. Il lui dévoile la puissance de son orgasme en écrasant son point G avec son sexe, ses doigts, sa langue comme nul autre avant lui ne l'a fait. Elle ne se cache d'ailleurs pas de lui dire qu'il est l'agrégé, le docteur ès sciences de la baise.

Cette conversation matinale entre sa chatte et son oncle dévoile toujours à ce dernier à quel point ces multiples fornications par tous ses orifices lui sont une drogue douce. Sa chatte d'ailleurs en rajoute large-

ment, en prenant des postures affligées, attristées et avachies. Elle amplifie la puissance des coups de son amant sur et en elle, mais surtout elle parle des chocs encore plus importants qu'il prodigue très souvent à son derrière et à sa bouche. En réalité, la mine consternée de sa chatte n'est que le reflet du plus effrayant des sept péchés capitaux qui la hante – l'Envie. Sa chatte fait de la délation à l'oncle attentif, car elle est tout habitée par le démon de la Jalousie.

Chaque jour, ses lèvres d'en bas inventent un scénario différent. Pour se venger des trahisons que lui inflige la jeune Maïna, qui souvent ne livre à ses amants que son cul ou sa bouche, la foufounette se fait soigner le matin par son médecin-psychiatre de tonton, avec divers onguents chimiques high-tech, sorte de Viagra pour chatte afin que le soir, son con se venge de son cul et de sa bouche par l'usage d'un divin et encombrant godemiché.

Au fil des mois, Maïna, qui grandit et perd en naïveté ce qu'elle gagne en expérience, constate que son oncle l'attend chaque soir avec de plus en plus d'impatience. Si sa chatte accepte progressivement de n'être qu'un de ses trous, en revanche son oncle accepte de moins en moins les multiples aventures de sa nièce, que ce soit par le cul, le vagin ou la bouche.

Plus les jours passent, plus son oncle devient jaloux. Elle est la Desdémone de ce nouvel Othello. Il passe avec elle du sentiment d'envie à celui de la colère. En réalité, il a peur de perdre sa nièce, ou du moins d'en perdre la possession. Il en vient même à jalouser les objets qui lui appartiennent. Ainsi, la petite culotte qu'elle laisse chaque soir en otage sur sa table de chevet devient matière à son délire de jalousie. Qui l'a vue, touchée, reniflée ? Qui la lui a enlevée, qui a

éjaculé dessus, qui parfois l'a déchirée ? Il en vient à l'appeler Miss Bovary ! Ces accouplements multiples sont pour lui une faute plus grave qu'un adultère.

Un soir, alors qu'il la lime avec le godemiché préféré de sa nièce, il a l'idée de lui verser du plomb fondu dans le vagin, l'anus et la bouche comme l'empereur le faisait envers ses concubines infidèles. Il a parfaitement conscience de sa névrose obsessionnelle. Plus il persécute sa nièce de ses insinuations, plus il prend conscience de l'absurdité de ses compulsions. Cependant, il ne peut se défaire de cette fixation. Dès qu'il l'imagine se faire pénétrer par un homme, invariablement mieux membré que lui, il est immédiatement soumis à une crise d'angoisse. Mais il ne l'imagine que pour s'exciter davantage, et il a le front de faire porter à sa nièce le poids de ses propres fantasmes.

Un jour – elle a alors dix-sept ans –, il lui amène la photo de trois hommes dont la spécificité, précise-t-il, est qu'ils sont tous les trois aveugles. Il lui propose de les inviter et lui avoue qu'il aimerait la voir se faire partouzer par eux.

— Nous allons jouer au gang bang, lui annonce-t-il. Ils vont tous les trois te pénétrer en même temps, l'un par la bouche, l'autre par le cul et le troisième par la bouche. Nous allons enfin tuer la jalousie qui anime ta foufounette.

De sa propre jalousie, il ne parle guère. Il sait bien que la scène, quand il la verra, quand il la vivra, lui fera exploser de concert et la tête, et les couilles.

A-t-elle feint d'hésiter ? Mais déjà elle accepte.

Une semaine se passe avant l'acte. La tension et la stimulation de l'attente créent dans son cerveau une tension de plus en plus insupportable, que ses masturbations réitérées ne soulagent même plus.

Comme sur la photo, les trois aveugles sont habillés de blanc, et portent d'épaisses lunettes noires. Elle leur donne une quarantaine d'années. Ils sont robustes, mais élancées. Maïna mouille déjà, à l'idée des trésors que recèlent leurs pantalons de toile.

Dès que le premier se présente, elle se met d'emblée à genoux. Elle ouvre la braguette, fouille dans l'échancrure – l'aveugle, bien conseillé, ne porte pas de slip –, et elle prend le pénis à demi bandé dans sa bouche. Du bout de la langue, elle le branle et le fait gonfler, à la limite de l'explosion, en moins d'une minute.

Son oncle, vautré sur un sofa bas, se branle sans vergogne. Il meurt d'envie que les mains de sa nièce empoignent son membre, qui est tout aussi glorieux que celui de l'aveugle – mais en même temps, il s'impose ce supplice de la voir exclusivement prise par d'autres, devant lui.

Tout en branlant habilement son partenaire du bout de la langue, qu'elle insinue doucement dans l'urètre, Maïna malaxe ses seins d'adolescente. Sa salive humecte le vit mieux qu'une vaseline. Sa langue experte tourne tant et si bien qu'un peu de semence s'écoule du chibre sur sa langue fourchue. Son oncle a la sensation qu'elle est Isis ramenant Osiris à la vie grâce à une fellation.

Les deux aveugles restés en retrait s'approchent à leur tour de la jeune fille. Excités par les gémissements de leur comparse, et par le bruit de succion de la jolie bouche, l'odeur aussi de la salive et du sperme mélangés sur le membre épanoui, leur phallus est déjà en érection – et quels trésors se dissimulaient dans la culotte de ces trois aveugles ! Celui qu'elle suce, Maïna peut à peine l'emboucher, malgré son expérience. L'idée que les deux autres, plus volumineux encore,

vont la défoncer la fait mouiller et tressaillir d'angoisse et de désir.

Impudique, elle couche sous elle l'un des deux hommes, et s'empale sur la verge tendue. Puis elle cambre son postérieur de façon à ce que le troisième l'encule. Ainsi pénétrée, elle reprend le sexe du premier dans sa bouche. La voici bâillonnée par tous ses trous à la fois ! Elle voudrait crier sa joie d'être ainsi le centre du monde – la mappemonde tournant sur trois axes. De sa main droite, elle continue de branler le premier énergiquement.

Tous trois éjaculent presque simultanément un sperme gras et brûlant. L'oncle leur a bien recommandé de ne pas faire l'amour des jours et des jours auparavant, de façon à cracher dans sa nièce des flots de foutre – et c'est tout juste si elle ne s'étrangle pas sur les jets, toujours plus crémeux, de celui qu'elle suce.

L'oncle, les yeux mi-clos, sa verge luisante glissant très vite entre ses doigts crispés, voudrait en cet instant que sa nièce se transforme en Lilith, qui d'après la légende est la première femme – inachevée. En effet, le Créateur, n'ayant plus assez de limon pour finir sa tête, prit l'argile entre ses jambes et construisit ainsi son visage, si bien qu'elle a un second sexe sur le front.

— Oh, fouiller ta cervelle avec ma queue ! s'exclame-t-il en répandant sur la moquette un foutre abondant.

La séance terminée, son oncle reconduit gentiment les trois aveugles, auxquels il glisse un billet.

Au fil des mois, Maïna a fini par devenir le « bottom » de son oncle, son fond, son bas et son derrière – en un mot son esclave. Chaque fois qu'elle réside chez lui, il l'attache au pied de son lit pour la nuit. Elle se fait baiser uniquement par les individus, hommes ou

femmes, qu'il choisit. Sa foufounette a enfin accepté de ne plus être la seule détentrice de sa jouissance – elle partage le plaisir avec tout le reste de son corps. La voir se faire pénétrer de toutes parts, par tous les trous, permet au tonton de supporter le sentiment qu'elle appartient à tous les hommes de la terre. Puisqu'elle est, grâce à lui, l'esclave de tous les hommes de la terre.

Maïna est heureuse de se faire sauter par les sexes choisis par son mentor. Elle n'a jamais senti autant de plaisir que depuis le jour où il l'a contrainte à être sodomisé, tringlée, limée, labourée et souillée par les trois aveugles – et c'est elle à présent qui obéit aveuglément aux ordres de son Maître.

(Des années plus tard, lorsque Jean, son mari, l'autorisa à se faire sauter par les trois nègres surmembrés, elle retrouva les sensations exactes que lui avaient procurées les trois aveugles. Comme si elle était, elle, l'aveugle violentée par trois voyous impitoyables. Elle retrouva le goût exact du foutre, et ce n'était pas un goût de madeleine, mais bien de crème âcre. Elle retrouva l'exacte dilatation de son anus, et les coups de boutoir de celui qui la baisait arrivèrent pile dans la même zone, au fin fond de son vagin. Le souvenir se lia à la sensation présente, et elle connut ce jour-là un orgasme géant qui la laissa, un bref instant, hors d'elle-même. Elle en conçut pour son mari un amour encore plus fort, la conscience soudain que, comme son oncle autrefois, il était son maître.)

LE TÉLÉPHONE ROSE

Boris est historien de formation mais vendeur de téléphones portables par nécessité alimentaire. Il y a deux mois, il a rencontré Maïna dans son magasin. Elle venait, disait-elle, souscrire une nouvelle ligne téléphonique. Elle était vêtue d'un chemisier blanc translucide qui permettait de deviner, sans les voir tout à fait, les pointes roses de ses seins, d'une minijupe tout droit sortie du Courrèges des années 60, et, comme il s'en rendit compte quand elle s'assit en face de lui, les jambes sagement jointes, puis lascivement écartées, elle ne portait pas de culotte.

Il en a ressenti d'abord une gêne, comme s'il était responsable de l'attitude de sa cliente. Voulait-elle le choquer, ou était-ce un manque de savoir-vivre ? Avait-elle prémédité son acte ? Jouissait-elle de la scène qu'elle lui imposait ?

Il avait, dans ses études d'histoire antique, étudié avec passion ces tribus du Dahomey, fidèles au culte du serpent. Et Boris eut la vision d'une Maïna noire, tout aussi sculpturale que la Maïna blonde assise en face de lui, une déesse de la brousse qui portait une courte chemise, qu'elle relevait chaque fois qu'elle rencontrait un guerrier. Puis, il l'imagina femme kurtatchi

des îles Salomon. Chaque fois qu'elle désirait un homme, elle s'allongeait devant lui, les jambes écartées...

Puis il n'imagina plus rien, car il éjacula avec force dans son slip bien clos.

Maïna sourit – un sourire empreint d'innocence et de provocation, de naïveté et de vice. Pouvait-elle utiliser les toilettes du magasin ? Boris, encore sous le coup de l'émotion, lui indiqua sans hésiter la porte au fond :

— Prenez la coursive, et puis c'est au bout...

Il la regarda passer le seuil de la porte – le balancement de ses hanches lui parut presque exagéré. Sans même réfléchir, il la rejoignit quelques secondes plus tard. Elle était assise sur les w.-c., jambes écartées, avec à la main le téléphone portable/appareil photo qu'il venait de lui procurer – et qu'elle serrait entre ses doigts comme un phallus lumineux. Sans un mot, il s'accroupit devant elle. Immédiatement, elle ramena ses fesses au bord de la lunette, les jambes toujours écartées, de sorte qu'il pouvait mater son sexe soigneusement épilé au plus près. Elle régla son téléphone sur le mode photo, comme il le lui avait enseigné quelques minutes auparavant, et le lui tendit. Docilement, il prit des dizaines de clichés du vagin complètement ouvert – Maïna écarta même à deux mains les grandes lèvres pour dévoiler les plis les plus secrets de son intimité.

Les grandes lèvres du sexe de Maïna ressemblent à un petit fessier – un modèle pour un Courbet moderne tenté par une nouvelle *Origine du monde*. Le fond de sa chatte est une rose, et ses pétales comme un carpaccio. Les zooms que Boris a réalisés ce jour-là de cette vulve grande ouverte comme la caverne d'Ali Baba, distendue par les mains de sa complice, s'enfoncent très profondément à l'intérieur du sexe, comme si

une caméra allumait chacun des recoins du puits à travers des fibres optiques scannant les parois de son sexe.

Puis elle a tendu la main pour récupérer l'appareil, et lentement, afin qu'il ne perde pas un détail de l'opération, elle l'a enfourné dans sa chatte ouverte – jusqu'à ce que le petit Nokia de haute technologie disparaisse dans le gouffre, qu'elle a refermé avec soin, d'une seule pression des sphincters. Et Boris a pensé à ces geishas capables de serrer un pinceau très fin dans leur sexe, et de calligraphier, accroupies sur le papier de riz, des poèmes d'un érotisme échevelé : « Des oies sauvages dans la nuit / Comme un triangle féminin / Obsédant les étoiles. »

— Je le garde, dit-elle en se levant.

Le soir même, il lui a téléphoné. Ils se sont donné rendez-vous tout en bas de l'avenue Foch, dans la contre-allée.

— Le coupé Mercedes noir, a-t-elle précisé. À 23 heures.

Il était exact au rendez-vous, mais il n'était pas seul : plusieurs hommes déjà entouraient la voiture. Dedans, Maïna avait mis les sièges en position couché, et, voluptueusement allongée sur les coussins de cuir noir, nue entièrement, elle se livrait au dogging – masturbation effectuée en public, sous les yeux exorbités des badauds-voyeurs. Boris s'est faufilé dans la foule des hommes – presque tous avaient déjà sorti leur sexe et se branlaient frénétiquement sans rien perdre des circonvolutions du doigt de Maïna sur son clitoris gonflé, puis des allers-retours d'un gros gode à picots dont elle se distendait la chatte. Petit à petit, l'excitation aidant, les vitres de la voiture se sont couvertes de buée – et les hommes les frottaient, du bout de leur queue, pour continuer à jouir du spectacle.

Quand Maïna a rangé ses accessoires, et relevé son siège pour partir, ils avaient tous éjaculé sur la peinture brillante de la voiture – grosses limaces de foutre dégoulinant tranquillement dans le caniveau.

Depuis cette soirée, Boris et Maïna ne se sont plus revus. S'il connaît la couleur du sexe de Maïna, en revanche, il n'en connaîtra jamais ni la texture, ni l'odeur, ni le goût. Parfois, quand il est au magasin, elle l'appelle sur son portable. Comme elle aime les rituels, elle s'identifie en chantonnant une version de l'Internationale dégottée dans l'excellent livre de Florence Montreynaud : *Debout les coincés du derrière / Debout les flippés de l'arrière-train... / C'est la turlutt'finale / Broutons-nous et demain...*

En même temps, elle lui envoie l'une ou l'autre des photos de sa chatte rose qu'il a prises dans les toilettes du magasin. Le tableau abstrait concret des pétales épanouis, accompagné du son mélodieux de la voix de la jeune femme, lui fait instantanément jouir, au même instant, le lobe de l'oreille et le bout du pénis, comme si elle suçait les deux à la fois.

Et, très gêné devant les client(e)s du jour, il repose l'appareil, pendant que dans son slip sa bite se rétracte lentement, au milieu du gros paquet de foutre qui lui souille les poils.

Parfois, elle simule des ébats amoureux avec un autre homme. Le vagin de Maïna collé à son oreille, il écoute chaque soupir de sa compagne virtuelle, et les vibrations du lit sur lequel elle est couchée. Elle pousse d'abord des gémissements plaintifs et flûtés. D'inarticulés et confus d'abord, ces cris deviennent clairs, presque vibrants à mesure de la montée de sa jouissance. Ses plaintes semblent mêlées de beaucoup de sanglots.

En proie à une sorte de terreur, il écoute dans le plus profond silence, sous les yeux perplexes des client(e)s, les aspirations et expirations de Maïna. Même si elles s'espacent progressivement, par intervalles réguliers, un soupir profond trahit tout le débat intérieur qui annonce l'approche de l'orgasme. Par intermittence, il lance un regard furtif sur l'écran de son téléphone afin de jouir de la vue des entrailles rose bonbon de Maïna. Très rapidement, il rapproche son oreille du combiné afin de saisir le hurlement de son orgasme – le gémissement de l'humanité même.

La dame aux chaussures

Petite fille, Maïna donnait une âme aux objets. Elle croyait, comme les peuplades de la mer Égée, que les choses avaient un pouvoir magique. Fascinée par les talons aiguilles de sa mère, elle se mit à collectionner les chaussures – au point d'en constituer un véritable musée. Enfant, elle rêvait d'être Cendrillon, et qu'un Prince charmant lui offrirait un soulier de vair. À l'adolescence, elle se prit de passion pour Catherine de Médicis, qui a sans doute inventé la mode des talons hauts pour compenser sa petite taille. Son mari, elle en était sûre, serait marchand de chaussures, cireur ou cordonnier.

Elle a aujourd'hui trente ans. Sa préférence se porte toujours sur les escarpins à talons hauts. Elle possède même un exemplaire de la paire la plus haute du monde, un talon de 22 centimètres, qui sert uniquement à ses jeux érotiques.

Il lui arrive d'errer dans les couloirs des grands hôtels qu'elle fréquente assidûment pour caresser en douce, voire embrasser les chaussures fraîchement cirées. La semaine dernière, elle a consenti à sucer longuement le cireur du Crillon, afin de prendre sa place et d'astiquer elle-même les objets de sa passion – recrachant lentement sur les chaussures livrées à ses

soins le sperme dilué dont le cireur avait empli sa bouche.

Depuis une semaine, chaque matin, un inconnu l'attend en bas de chez elle. Sans un mot, les yeux rivés sur ses talons aiguilles et la couture de ses bas noirs, il la suit jusqu'à l'agence de photo où elle travaille pour quelques mois. Jamais il ne s'est approché d'elle à moins de dix mètres.

Elle adore sentir les yeux de cet homme parcourir son corps, se poser sur la cambrure de ses reins accentuée par ses talons hauts, sur ses fesses rebondies, sur sa poitrine volumineuse et son ventre un peu rond. Elle prend soin de choisir chaque jour une paire d'escarpins différente. Arrivée à destination, elle se retourne et lui adresse un long sourire. Rien de plus. L'homme alors s'incline cérémonieusement.

Dorénavant, elle mouille dès qu'elle l'aperçoit. À son arrivée à l'agence, elle se rend aux toilettes, s'assoit sur les w.-c., passe sa main sur son pubis, et enfourne son index dans sa chatte excitée. Puis elle sort de son sac à main un mocassin écru, le pose sur son clitoris et se masturbe ainsi frénétiquement en pensant à son admirateur. À quelques secondes de l'orgasme, elle enfonce la chaussure au fond de son vagin enflammé par le désir de cet homme imperturbable, et jouit sauvagement.

Depuis quelques jours, elle s'est aperçue que le bel inconnu patientait encore plusieurs minutes, sur le trottoir, après qu'elle s'est engouffrée dans le hall de l'immeuble. Alors ce matin, après s'être masturbée avec violence dans les toilettes de l'agence, elle a enlevé son string de dentelle poissé de mouille, et l'a rangé dans un sachet transparent de congélation. Elle est ressortie des locaux, s'est dirigée vers lui et lui a

tendu en souriant son slip souillé de sécrétions. L'homme s'est incliné, comme à son habitude. Puis, relevant la tête :

— Venez donc déjeuner chez moi tout à l'heure...

Elle a accepté, trop impatiente de connaître l'antre de cet homme fantasmagorique.

À midi précis, il l'attend devant l'agence. Sans échanger une parole, ils se rendent chez l'homme.

Dès qu'elle entre, elle est fascinée par l'accumulation barbare de statuettes, de mannequins et de poupées gonflables. Tel Pygmalion, il encense les statues. Fascinée, elle s'approche de l'une d'entre elles, un jeune Apollon en équilibre sur les bras et les jambes, comme un siège de marbre, la verge incroyablement réaliste dressée comme un pieu au centre de la statue. Maïna caresse avec envie le membre érigé.

Elle s'assoit face aux divinités de son hôte dans le canapé en forme de cul. Sans un mot, il lui sert un Martini dans un verre en forme de phallus. Elle n'ose pas violer le silence installé entre eux.

— Déshabillez-vous, ordonne-t-il avec autorité, mais gardez vos talons aiguilles !

Elle s'exécute prestement. Il la prend alors par la main, comme une mariée rituelle, et l'amène à Apollon. Très doucement, il l'invite à s'empaler sur le sexe de marbre. Elle ouvre son vagin de deux doigts, et frissonne au contact de la pierre froide sur ses lèvres déjà ruisselantes de cyprine. Lentement, elle s'assoit sur ce tabouret d'un nouveau genre, jusqu'à ce que le gland de Carrare bute tout au fond d'elle. Rejetant la tête en arrière, elle se laisse se faire envahir par l'instrument. Progressivement, les veines de son utérus se dilatent. Sous la pression de la pierre, son con se met un peu à saigner. N'y tenant plus, elle s'assoit carrément sur la statue, afin de l'enfoncer encore davantage en elle.

L'homme, cependant, se dirige vers une copie de la Vénus de Milo. Il sort de sa braguette un pénis considérable, mais un peu mou. Il le plaque sur le corps de la déesse, et se frotte à elle frénétiquement, tout en regardant Maïna se branler en gémissant avec le phallus d'Apollon. Et en quelques minutes, les deux tourtereaux s'envolent dans un orgasme extatique, presque simultané.

Après le déjeuner, il la ramène à son bureau, le regard rivé aux chaussures de la conquête dont il est le maître et l'esclave.

Le coprophile

Maïna rend visite chaque jeudi à un homme étrange, dont le rituel la fascine – il lui a fait découvrir une facette d'elle-même qu'elle avait longtemps refusé d'admettre : le plaisir louche qu'elle éprouve à régresser au stade anal, quand le bébé aime à triturer ses excréments.

La première fois que Maïna est venue chez lui, il s'est agenouillé dans son dos, et lui a reniflé les fesses.

— Tt-tt, lui a-t-il reproché, trop d'hygiène, trop de déodorant.

Puis il s'est redressé, et l'a déshabillée. Lui-même est resté habillé – il est vêtu de noir des pieds à la tête.

— Venez, lui a-t-il dit en lui prenant la main.

Il l'a amenée aux toilettes et lui a demandé de s'asseoir sur le trône.

— J'aimerais que vous pissiez, là, devant moi. Et si possible, que vous déféquiez.

Le terme lui a paru curieusement désuet. Elle l'a regardé :

— Je veux bien chier devant vous, a-t-elle dit.

Elle y a toujours trouvé un plaisir trouble – celui d'un accouchement interdit.

Pendant qu'elle se soulageait, il lui a tenu la main. Puis il a recueilli ses excréments et les lui a fait sentir. Ni l'odeur ni la texture ne lui étaient étrangères, mais

le fait de voir sa merde malaxée sous son nez par les doigts puissants de l'homme l'a étrangement troublée.

La règle dès lors qu'il a imposée à Maïna est de venir uniquement vêtue d'un corset par-dessus lequel elle a jeté un manteau de fourrure. Dès qu'elle franchit la porte, elle range sa pelisse dans le placard de l'entrée, et enlève sa culotte. Son curieux amant exige d'elle des modèles en coton, des slips de petite fille impubère, et bannit formellement le string.

Elle sait qu'il ne la pénétrera que par-derrière. Il est un amateur strict de sodomie.

— Je ne pénètre jamais mes disciples par la chatte, lui a-t-il expliqué. Cet orifice, même s'il est un passeport nécessaire à une sexualité harmonieuse, ne me tente pas. La sodomie est la pénétration la meilleure, car la concentration veineuse est considérable au niveau de l'anus et du rectum.

À l'heure dite, quand Maïna pousse la porte d'entrée de l'appartement, l'homme est assis dans l'un des fauteuils du salon. Il feuillette chaque fois le même livre, le *Dictionnaire des fantasmes et perversions*. Parfois, il lui en lit un passage : *Certains coprophiles aiment jouer avec les déjections comme un enfant à qui l'on dit : « C'est sale. » Quelques psychologues considèrent qu'il est sain d'analyser sa propre enfance, puis de se permettre ce qui était interdit par des parents trop rigoureux...*

Sans le regarder, sans un mot, Maïna passe devant lui, à le frôler, et monte à l'étage du duplex. Elle escalade la table de gynécologie installée dans la salle de bains, se met à quatre pattes sur celle-ci, cambre ses reins et l'attend. Elle reste ainsi aussi longtemps que l'homme le souhaite. D'en bas monte sa voix égale, lisant d'autres passages de l'ouvrage de Brenda B.

Love – un pseudonyme, certainement : *À quatre pattes, la femme n'est maintenant plus que fuseau, faisceau de désir tendu vers la verge ; son sexe offert au regard sans concession, à l'appétit de l'ogre...*

— C'est un fragment d'Astrid Schilling, dit-il tout haut. Une apologie de la sodomie.

Parfois, pour la punir d'une faute forcément imaginaire, il ne rejoint Maïna qu'au bout d'une heure. Enfin lorsqu'il monte à son tour, en silence, il se positionne derrière elle et lui écarte les fesses. Il introduit un doigt dans l'anus, et l'y promène en vrille jusqu'à ce que le cul de Maïna se dilate largement. Il la sodomise alors – et c'est un privilège dont elle doit être fière. Elle sent contre son cul les pans de son pantalon, qu'il s'est contenté d'ouvrir pour dégager sa verge considérable. Elle sent aussi, contre sa cuisse, battre la boucle du ceinturon avec lequel, dans quelques instants, elle sera impitoyablement fouettée.

Jamais il ne jouit à ce stade. Il se retire bientôt, examinant avec attention l'anus dilaté qui palpite comme un cœur d'oiseau, sans parvenir à se refermer. Après un moment, il lui introduit deux à trois litres d'eau dans le fondement à l'aide d'un entonnoir prolongé d'une canule. Son corset comprime si fort le ventre de Maïna qu'elle se tord de douleur sous la pression grandissante de ses intestins gonflés.

Puis il enlève sa ceinture et lui lacère cruellement les fesses. Il faut toujours battre une femme avec le ceinturon que l'on porte sur soi, lui a-t-il enseigné. Maïna croit retomber en enfance. À nouveau, elle est petite fille. Elle pleure et appelle papa. Plus elle a mal, et plus elle a l'impression qu'elle donne une preuve d'amour. Elle a découvert grâce à cet homme combien elle aimait parfois être brimée, punie, martyrisée.

Ensuite, il l'encule à nouveau, d'un coup sec. Assez fort pour qu'elle hurle durant la pénétration. Il la bourre avec violence, de façon à accroître sa souffrance. Le rictus qu'elle prend sous l'effet du supplice est le même que celui d'une femme qui prend du plaisir.

Enfin, il introduit un doigt, puis deux, dans la chatte de Maïna. Elle sait qu'il lui donne ainsi l'ordre de pisser, de se libérer de tout le liquide contenu dans son ventre. Elle a l'impression d'uriner en elle. Son orgasme de pisse est une véritable explosion. Pendant ce temps, il éjacule dans son cul. « Les femmes sont toutes des ondines qui s'ignorent, lui a-t-il encore expliqué. Les moins hypocrites sont les femmes fontaines. Celles qui éjaculent ainsi sont libérées de leurs tabous. »

Enfin, il passe devant elle, et lui donne à sucer sa queue maculée de merde. Quand il commence à débander, il lui pisse dans la bouche. Elle a l'ordre formel de tout avaler. « Pour lui, je suis une cuvette de chiottes », pense la jeune femme. Et cette idée la fait terriblement jouir à nouveau.

Une femme, deux hommes

Aujourd'hui, 22 septembre, c'est l'anniversaire de Maïna. Depuis qu'elle est mariée, son époux, Jean, lui a toujours offert un cadeau à caractère érotique : godes de toutes les tailles et de toutes les couleurs, avec ou sans picots, boules de geisha, spectacles pimentés, lingerie en latex... Cette année, elle lui a demandé de lui offrir une double pénétration – même les grandes libertines aiment parfois revenir aux grands classiques.

Jean exauce avec joie le désir de son épouse, et débarque, au dernier jour de l'été, avec un homme de type latino-américain. Juan est assez grand pour un Mexicain – il doit faire près d'un mètre quatre-vingts, très carré d'épaules, et arbore une moustache noire, légèrement tombante, d'hidalgo mélancolique. La combinaison, chez ce quadragénaire buriné, de la force brute et d'une intellectualité manifeste, camouflée sous des dehors primitifs, séduit Maïna de prime abord.

Jean a repéré le Mexicain ce matin, à la porte Dauphine. Marco descendait d'une limousine aux vitres teintées, où il venait de se faire tailler une pipe historique par une douairière dont la spécialité était de sucer des étalons après avoir retiré son dentier – ils s'enfoncent dans ce visage tourmenté par les ans comme ils s'enfonceraient dans une argile craquelée. Au moment où Jean avait aperçu son homme, ce dernier s'occupait

à renfourner dans son pantalon un sexe considérable dont la semi-érection promettait des performances dilatatoires.

Alors qu'il se dirige tout nu vers la douche, Maïna ne peut s'empêcher de se délecter du balancement très latin du postérieur musclé de l'invité. Jean suit Marco dans la salle de bains, officiellement pour s'assurer de son hygiène, en fait pour le plaisir de se savonner mutuellement la bite. Jean prend l'étui de gel douche, passe délicatement sur la poitrine de Marco la crème blanchâtre aux allures de sperme synthétique, et la fait mousser dans les poils.

Le torse de Marco est à présent totalement couvert de mousse. Jean masse les pectoraux puissants, le ventre dur. Maïna sait bien ce qui agite son mari et court chercher son appareil photo. Quand elle revient, l'œil déjà vissé sur le viseur du Nikon F3, Jean a saisi la queue magistrale de l'invité, et la décalotte doucement. Cliché sur cliché, tandis que l'eau ruisselle et rince les deux hommes. Jean, qui n'y tient plus, s'agenouille sous la douche pour tenter – en vain – de gober l'abricot géant offert à son désir.

Quelques secondes plus tard, Marco a moins de difficulté à pomper la verge de Jean, tandis que Maïna mitraille à tout va cette étreinte prometteuse de débauches plurielles.

Maïna se sentirait frustrée de voir les deux hommes se désintéresser d'elle, si elle ne savait que ce hors-d'œuvre n'a pour objectif que de chauffer le moteur de types qui n'éjaculent pas facilement. C'est d'ailleurs ce qui explique en grande partie l'attachement qu'elle éprouve à l'égard de son mari, après dix ans de vie commune. Elle revient à chaque fois vers lui, comme attirée par un parfait aimant / amant, lorsqu'un godelureau l'a laissée en chemin, en déchargeant trop vite à son goût.

Quand Marco sort enfin de la douche, trempé et rayonnant, le sexe en gloire, Maïna est ravie de constater qu'il n'a rien à envier à Rocco Siffredi. Elle qui écoute son corps comme un mélomane la musique, entend la protestation insistante de son cul. Elle sourit – à la fois au visiteur si bien membré et à l'idée qui vient de la traverser d'engouffrer par l'arrière le phallus glorieux du Sud-Américain.

C'est pourtant son mari qui la pénètre le premier par-derrière, après l'avoir mise à quatre pattes. Marco s'allonge par terre, glisse comme un serpent, étape par étape, sous le corps complaisant de l'épouse. D'abord les pieds, les genoux, le bassin – et le membre est suffisamment vertical pour que, à bout de bras, Maïna puisse, au passage, lécher le fruit rubicond – jusqu'à ce qu'il centre enfin son braquemart au niveau de sa chatte. Pendant une minute ou deux, tandis qu'elle ahane sous les poussées de Jean, rivé à ses fesses, Marco branle le clitoris tendu de Maïna avec son gland. Luisant enfin des sécrétions de la jeune femme offerte, Marco insère délicatement la tête de son phallus décalotté, de la dimension du poing d'un petit garçon, dans le conduit des délices.

Maïna feule en sentant son périnée distendu par l'intromission spectaculaire, et elle s'abat lentement sur Marco, pour empaler au plus profond sa chatte brûlante de désir. L'organe de Marco la remplit entièrement sans laisser le moindre espace entre les parois. À mesure que le phallus géant s'enfonce au plus loin dans son ventre, elle a l'impression qu'il va la déchirer, transpercer l'utérus et s'enfoncer au milieu des intestins percés. Son imagination lui donne même l'impression qu'il peut, tel le sexe d'un baudet, sortir carrément par sa bouche, en traversant ses entrailles et sa gorge.

Pasiphaé rompue par le taureau de Crète, Europe violée par Zeus, Io poursuivie par tous les grands mâles du troupeau – la voilà toutes ces femmes à la fois.

Jamais, doit-elle s'avouer, elle n'a été pénétrée par un organe de cette ampleur. Ni les godes de démonstration de l'industrie, ni les bites de chair de ses deux cents derniers amants n'égalent l'impression de force vive du sexe de Marco. Sa sensation de bonheur et de jouissance est décuplée quand elle se rend compte de sa performance – elle a avalé par le ventre les trois-quarts de la bite du monstre –, alors que le sexe de son mari fouaille son cul encore plus frénétiquement que d'habitude. Elle a l'impression que les frottements des deux organes mâles se confondent. La fine membrane séparant son vagin de son cul semble avoir sauté. Maïna a la sensation que les membres de ses deux chéris de chair et de sang sont fondus comme du métal pour ne faire qu'un seul.

Les hommes explosent tous deux, telle une éruption volcanique. La coulée de leur sperme donne la sensation d'une lave chaude, un Vésuve qui se déverse le long des flancs de la montagne intérieure. Le double conduit vaginal et anal forme une même cheminée où vient se lover la double, douce et laiteuse chaleur de leur foutre.

La posture se rompt lentement. Sans aucune hésitation, Maïna saisit avec fermeté dans sa main le sexe de Marco, à genoux devant elle. Elle le branle comme si elle le trayait, comme si elle voulait lui extorquer les ultimes gouttelettes de sperme, mêlées à ses propres épanchements qui imprègnent le phallus du Mexicain. Jean s'invite derrière Marco, frotte son sexe à la raie culière de l'invité, y retrouve une nouvelle vigueur et s'enfonce, sans grand dommage, dans le cul apparemment rompu à toutes les attaques.

Ce qui a pour effet immédiat de faire à nouveau bander Marco, que Maïna, mi-complaisante, mi-gourmande, se met à pomper voracement. Elle le lèche, le pourlèche, crache sur les belles couilles, revient au membre asinin, fouille le méat du bout de la langue, mordille le filet – bref, fait étalage de toute la science que tant de fellations accomplies depuis ses treize ans lui ont inculquée. Avec les doigts de la main gauche, les ongles en avant, elle griffe tendrement le sexe de son mari, qui pistonne à tout va le cul poilu et musculeux de Marco.

— *Puta, puta, puta,* gémit ce dernier. *Jode me, jode me* (baise-moi, baise-moi).

Maïna, en l'entendant, se rappelle les cours de langue et de bite que lui donnait l'amant espagnol qui agrémenta jadis sa première année de droit. Mais le flot de sperme qui lui emplit alors la bouche emporte avec lui le souvenir. Revenue à l'instant présent, elle n'est plus qu'une pauvre chose asphyxiée par la vague de foutre.

Fontaines, je ne boirai plus de votre eau !

Laure est infiniment bourgeoise. Elle habite d'ailleurs à Neuilly, tout près du bois de Boulogne. Mais si sa tenue habituelle est plutôt le tailleur Chanel, son amie Maïna la pousse parfois à s'encanailler de façon radicale.

En ce début d'hiver, le ciel est bleu, le froid très sec. Maïna a vêtu Laure d'un épais manteau de fourrure imitation léopard, et d'une belle toque en astrakan. Sous le manteau, la chair nue est agrémentée d'une lingerie légère, dont les dentelles noires tranchent sur la peau très blanche.

Bien sûr, Maïna a interdit le port du slip à la jeune femme. Laure sent parfois une bouffée d'air glacé spiraler le long de sa jambe pour se perdre dans la moiteur de sa chatte épilée. Et quand, sur l'ordre de la photographe, qui n'en perd pas une miette, elle s'exhibe soudain devant les voyeurs du Bois, le froid la saisit soudain comme une main, le temps qu'elle ouvre et referme sa pelisse. Elle en frissonne, les pointes de ses seins s'insurgent. Elle n'en est que plus belle ainsi.

Dans cette tenue voyante, un peu vulgaire – d'autant que la photographe a pris soin de maquiller son amie de façon outrancière –, Laure a tout de l'animal authentique, et de l'authentique roulure du Bois. Elle est un

peu mal à l'aise – mais qui la reconnaîtrait, parmi ses relations habituelles ? Qui aurait même l'idée de la reconnaître ? Son mari même ne l'identifierait pas, s'il la croisait...

Ces photos volées, prises au téléobjectif, vont ordinairement enrichir le site Internet de Maïna – photos proposées aux agences comme aux particuliers. La galerie électronique de Maïna est aussi une réclame permanente, l'étalage de ses dons. Elle recrute ainsi de nouvelles salopes aimant s'exhiber dans les lieux les plus inattendus, ou se faire photographier tandis qu'elles s'enfilent par tous les trous des verges majuscules.

Rien de tout cela aujourd'hui : Maïna a la mission de ramener à son éditeur des photos bien spéciales qu'il lui a commandées pour illustrer un livre à venir.

Avant de quitter l'appartement douillet de Laure, Maïna a pris soin de faire boire à son amie une grande quantité de thé vert de Chine – le plus diurétique de tous les thés. Aux contorsions de Laure, elle devine déjà, une heure plus tard, la pression impérieuse de la vessie gonflée.

Deux hommes baguenaudent entre les arbres. Maïna ordonne alors à son amie de se tourner vers eux, d'ouvrir son manteau et de s'accroupir pour faire pipi. Les deux hommes, immédiatement happés par le spectacle, s'approchent tandis que les premières gouttes frappent les feuilles mortes. Sans se soucier de Maïna qui, à dix mètres, mitraille la scène, ils ordonnent à Laure, horriblement gênée, de se renverser en arrière, le buste bien à plat, pour que le jet jaillisse tout droit devant.

Cette exhibition impudique, dans cette posture malaisée, excite Laure à l'extrême, consciente de s'ouvrir devant ces inconnus comme jamais elle ne s'ouvre à quiconque. Le jet se fait crescendo, la jeune

femme pousse pour donner à son urine une pression maximale. Et elle atteint ainsi une distance qu'elle n'espérait pas, inondant d'urine les mocassins de daim de l'un des deux voyeurs.

L'effet est immédiat. Laure devine, à regarder la bosse du pantalon, la forme du sexe en érection, dont l'homme la main dans sa poche tripote la vigueur. Ses yeux restent rivés sur cette déformation du tissu qui la fascine, tout en expulsant les dernières gouttes de sa vessie enfin soulagée. Elle constate même, soudain, une auréole grandissante là où elle soupçonne que se trouve le gland : l'homme a éjaculé dans son pantalon ! Un précoce ! Une mauvaise affaire ! Elle se redresse, et, d'un index fripon, lui indique ainsi qu'à son partenaire, la tache humide qui a trahi son émoi.

L'homme apprécie peu cette silencieuse semonce. Sans que Maïna, rivée à son viseur, intervienne, il s'avance vers Laure et la saisit par les poignets. Il l'oblige à s'agenouiller et, la maintenant ferme d'une main, ouvre largement son pantalon. Il ne porte pas de slip, et le foutre est largement étalé sur son ventre.

— Fais ma toilette ! ordonne-t-il à la jeune femme en la saisissant aux cheveux.

Laure a peu l'habitude d'être traitée ainsi, mais la main qui la tient est impérieuse. D'autant qu'un aiguillon secret, la volupté de s'avilir pendant quelques minutes – et de s'avilir devant son amie –, l'excite considérablement.

Elle commence donc à lécher consciencieusement le sperme étalé sur la peau.

Le deuxième voyeur s'approche immédiatement d'elle, et propose à ses lèvres un sexe érigé d'une taille honorable. Tout en finissant la toilette intime du premier, elle pourlèche, à petits coups de langue mutins, le gland dilaté du second partenaire. Bientôt, c'est de

lui seul dont elle s'occupe, engloutissant jusqu'aux poils la belle bite qu'on lui propose.

L'effet est rapide. L'homme décharge dans sa bouche un foutre abondant, mousseux, qui tient plus du champagne que du sperme. Si abondant qu'elle soupçonne l'homme, un instant, de parvenir à éjaculer tout en pissant quelque peu – performance rare.

Très vite, elle ne parvient pas à avaler en temps réel ce foutre blond qui lui emplit la bouche. Elle bave le sperme qui l'étouffe, qui coule en cataracte sur son menton et ses seins.

Maïna, intéressée, se rapproche pour ne rien perdre de la scène. Il existe ainsi, pense-t-elle, des hommes-fontaines ?

L'attitude se dénoue, Laure s'emmitoufle à nouveau dans sa fausse fourrure, Maïna repose son objectif, les deux hommes remballent leurs sexes à présent fripés de froid, et la conversation s'engage. Oui, ils viennent souvent dans le Bois. Non, le voyeurisme ordinaire n'est pas leur fait : ils s'intéressent uniquement à ces belles vicieuses qui viennent pisser dans la nature – et, parfois, déféquer dans les buissons. La vision du pipi jaillissant entre les cuisses, le spectacle du long saucisson de merde sortant lentement des entrailles d'une créature élégante les transportent l'un et l'autre.

Maïna les invite à prendre le thé chez Laure, « à deux pas », sans même demander son avis à son amie, dont elle ignore superbement les protestations muettes.

Les voici installés au salon. Maïna sert à nouveau le thé vert à ses trois partenaires. Elle sent bien que la vessie de Laure la tourmente à nouveau – ce qu'elle a bu tout à l'heure, avant de sortir, n'a pas fini, loin de là, de s'épancher. La jeune femme a, pour l'instant, gardé son manteau de léopard, au prétexte qu'elle était gelée. Maïna lui suggère alors fermement de l'ôter,

comme elle invite les deux hommes à se déshabiller. Elle-même se met nue, tout en récupérant son appareil, dans lequel elle vient d'insérer une nouvelle pellicule. Habilement, elle allume toutes les lampes, et les dispose de façon à éclairer violemment le grand tapis chinois qui couvre presque tout le centre du salon. Des oiseaux s'y ébattent dans la soie tissée.

Les deux compères bandent férocement, et l'un d'eux attire Laure à lui. Il s'étend sur le tapis, invite la jeune femme à le chevaucher et à s'empaler sur la verge épanouie – ce qu'elle fait dans l'instant. Laure est bien consciente que la position offre son cul à la concupiscence du second homme, qui, effectivement, l'ouvre à deux mains. S'accroupissant derrière elle, il darde sur la rosette blonde une queue de fer. La voilà enculée jusqu'à la garde, feulant et gémissant de plaisir, tandis que Maïna mitraille à tout va les ébats du trio.

Laure n'en peut plus. Elle jouit en sanglotant de bonheur, et pisse en même temps. Elle inonde ainsi son partenaire, qui, au comble de l'excitation, décharge en elle un foutre bien abondant, pour quelqu'un qui s'est déjà répandu moins d'une demi-heure auparavant. Le jet fouaille les entrailles de Laure – il est presque synchrone à celui qui la sodomise en lui brûlant le rectum. Elle comprend soudain que, tout comme elle, les deux hommes urinent dans son ventre et son cul. Le double lavement l'amène à des extases inespérées.

Maïna est passionnée par ce qu'elle voit dans l'objectif. Elle se sent couler elle-même. Son ventre la sollicite. Elle pose soudain le Nikon, s'avance vers le groupe qui se tord de plaisir, et, le ventre en avant, pisse à son tour sur Laure et ses deux compagnons. La douche jaune ranime les deux jouteurs, leur sexe, un instant indécis, retrouve une nouvelle vigueur sans même quitter le conduit où il nage dans les sécrétions diverses, et ils se remettent à secouer Laure comme un

roseau – foutue en con avec une énergie nouvelle, malmenée par le cul comme elle l'a rarement été.

Les oiseaux, sur le tapis chinois, sont inondés de foutre, de mouille et de pisse.

Laure, d'ordinaire si attentive à garder à son appartement un caractère impeccable, s'en fiche pour l'instant. Elle est secouée de hoquets, enchaînant les orgasmes les uns aux autres.

Des odeurs fortes montent des corps enchevêtrés. Le Chanel N° 5 des phéromones, les Dunes de pissats, la Magie noire des cyprines mélangées, l'Air du temps du sperme débordant des orifices, – et même le Shalimar de la merde fondante qui suinte de l'anus solaire de la belle enculée.

Maïna s'allonge sur le corps de Laure, dont elle mord les tresses lourdes, les épaules de lait, tout en offrant son cul à l'homme à demi accroupi – qui, comprenant l'urgence, quitte le cul désespéré de Laure et s'insinue en force dans l'arrière-train de la photographe. La verge dilatée rampe en elle au plus profond, jusqu'à titiller l'étron qui, depuis une demi-heure, manifeste parfois une envie de sortir – refoulé à présent dans l'intestin que l'homme, sollicité par les contractions violentes du sphincter anal, inonde soudain de sperme et de pisse.

Et Maïna, tous les sens à vif, jouit en fantasmant sur les phéromones labellisées et estampillés par les plus grands parfumeurs de Paris, transportés par le vent dans tout le bois de Boulogne, tout Neuilly, tout Paris et ses environs ; un nuage érotique enveloppe la ville, l'odeur de foutre, les larmes de vagin, les fontaines de pisse explosent dans le ciel à présent nocturne, invitant douze millions de personnes à l'amour – et leur foutre à son tour monte dans le ciel froid ; un nuage invisible couvre la France, une rumeur de chattes surmenées, de

culs ouverts et de bites extatiques se répand en Europe, une orgie générale secoue le continent, et tous les cons incontinents – et un second orgasme, plus fort encore que le premier, lui crispe le cul autour de la bite iné-puisable qui creuse son rectum.

La Femme terre

Maïna a demandé à Jean, son mari, d'écrire ce qu'elle représente pour lui.

Il s'est longtemps battu avec le clavier de l'ordinateur – heureusement que le texte électronique ne porte pas trace des ratures, des remords d'écriture, des retours, des reprises, toute cette cuisine du labeur littéraire qui fait des manuscrits de Flaubert des œuvres graphiques avant d'être écrites.

Mais, tant bien que mal, il a rédigé trois pages. Il les a imprimées et données à sa femme.

Les voici à présent, dans leur intimité. Maïna, allongée commodément sur un grand canapé, tient à la main les quelques feuillets. Jean, à l'autre bout, sirote un Lagavulin – le seul whisky, avec le Talisker, qu'un homme de goût comme lui peut tolérer. Il a ouvert son pantalon, sorti sa queue, et sa femme, tout en lisant, le branle avec les pieds.

Le jour ne se lève jamais assez tôt lorsque je suis près d'elle.

Bien avant l'aube, je reste éveillé des heures, la regardant dormir. Le lit n'est plus un lit. Dans les convulsions de l'amour, les désordres du rêve, il est devenu un champ dévasté, une terre bouleversée.

La première fois que je suis entré en elle, j'ai cru baiser une glèbe humide, chaude, patiemment labourée par des générations d'hommes en sueur. Elle est la boue originelle, le chaos à peine organisé. Elle est la terre de l'Éden retrouvé.

Lorsque je pénètre cette femme, j'ai l'impression de retourner en Afrique, dans le Rif, quelque part entre Djibouti et le Mozambique où nous avons vécu tant d'aventures... Lorsque j'entre dans son vagin, sa dépression du Danakil, il me semble suivre un animal, jusqu'au moment où elle jouit, jusqu'à l'instant où il meurt. Quand je pénètre son cul, je m'enfonce dans le lac de lave du Nyamuragira.

Cet après-midi, la tête contre son aine, j'hume la colonne de sel qui a jailli quelques minutes auparavant du plus profond de mes couilles, et qui a inondé son ventre, la toison de son sexe et le haut de ses cuisses. Ma peau ainsi posée contre la sienne, sa chaleur me réconforte, son brasier remonte jusqu'à mes veines glacées. Son feu transperce mes veines.

Je remonte mon visage vers son vagin, béant, désireux de jouir encore et encore. Je sors alors prestement de ma bouche ma langue lubrique et l'active comme un piston sur le nerf de son clitoris... j'enfonce en même temps deux doigts dans son ventre... Elle râle, un son plus animal qu'humain, presque végétal, le souffle du plaisir dans les branches d'un flamboyant.

Soudain, à quelques centimètres de profondeur dans son vagin, une vibration monte, tremble, explose... Est-ce une nouvelle démonstration de la tectonique des plaques ? En quelques secondes, son sexe, cette terre en perpétuelle activité, s'ouvre. À cet endroit son écorce vaginale est plus fine qu'ailleurs. De la lave en fusion se déverse sur mon visage. Les petites et grandes lèvres

se colorent d'une lueur d'un rouge féerique qui m'illumine.

Décor surréaliste où se mêlent les ocres de la piste, les carmins du crépuscule et le rose pâle des flamants. Son sexe bout. Ma langue relâche un instant le clitoris gonflé, titille l'urètre, où gouttent des perles involontaires, et se glisse dans la fente originelle. Ses lèvres bavardent et rient entre elles. J'enfonce ma langue au plus profond de son ventre, là où la chaleur est la plus saisissante.

Je suis à nouveau en érection, et je me décide à la pénétrer. J'entre sans préambule au plus profond de son con. Mon pénis voudrait la boire et la manger en même temps. Je descends ensuite une piste plus longue vers son utérus. J'ai envie de camper ainsi, installé au fond d'elle.

Combien ce sol si riche peut-il donner de récoltes ? Elle est le premier ordre de la création du monde, le génie divin dans toute son originalité. Une vie faite de formes pures, ignorant toutes les complexités de la conscience, du langage, de la morale, de la malhonnêteté, du dégoût, de la jalousie, de la raison, de la religion, de la préméditation et de la volonté. Plus mon voyage se prolonge en elle, plus j'ai l'impression de tout ignorer de son continent.

La femme est un continent noir devant lequel l'homme blanc doit déployer une humilité non feinte. Il est invité, il n'est jamais propriétaire. Quand bien même elle lui donne à voir un bout de son mystère, l'énigme n'est pas résolue – elle ne le sera pas.

Elle se retourne avec une grâce de chatte. Je l'attaque par-derrière. Je pèse sur l'anus blond, l'œillet goulu, je voudrais déchirer sa chair fraîche et épaisse. Elle contre-attaque en secouant violemment sa croupe. Lorsqu'elle est si fermée, j'ai l'impression d'escalader un bloc de pierre, une statue votive oubliée

au coin d'une case, une énigme d'ébène blanche. Je veux la piétiner, la déchirer, l'entendre crier – mourir, peut-être. Mais le spectacle de sa lutte me donne à réfléchir. Voir mourir un animal si vivant me trouble. Le dénouement me bouleverse. Je ne peux m'empêcher de penser qu'elle devrait avoir la vie sauve. L'épreuve m'épuise. Je veux partir... M'enfuir...

L'homme cède devant l'inconnu de la femme. Il croit la prendre quand en fait elle le saisit.

Mais rejetant la tête en arrière, elle a soudain des mouvements indécis, chaotiques et fantasques. Je tente de m'adapter aux soubresauts imprévisibles de ses reins – faux départs, hésitations, démarrages brusques qui font d'elle une cible difficile à atteindre, et à faire jouir. Elle secoue la tête à gauche, puis à droite. Il y a dans ses yeux une lueur fauve, un esprit forestier que je n'avais pas entrevu jusque-là.

Je voudrais prendre des images avant que ne s'évanouisse la lumière magique de son regard. Saisir l'âme profonde des choses. L'âme que je viens de trouver en elle.

En parcourant son corps, j'ai appris au fil des jours à composer avec le rythme de sa vie intérieure, et ainsi à me débarrasser des préjugés et des craintes qui altéraient ma vision de la vie. En elle, je réapprends à voir le monde avec les yeux d'un enfant. Ces heures qu'on appelle entre chien et loup, ces moments d'hésitation entre la nuit et le jour sont comme en brousse entre chasseur et gibier.

À mon grand étonnement, elle réussit à se remettre sur ses jambes, puis à s'accroupir. Impitoyable, je charge à nouveau ma proie, la plaque à nouveau au sol ; et je pénètre encore cette terre imprenable. Je veux la dévorer vivante. Elle réussit à me chasser, déterminée à résister. Sa volonté de vivre est suffisam-

ment vive, assez forte pour surmonter sa douleur et reprendre le combat.

Après une rude bataille, elle dégage sa longue chevelure blonde d'un coup brusque. M'expulsera-t-elle à nouveau ? Mes mains décrivent des cercles sur sa croupe. Elle se débat, rue comme un faon blessé. Je reste accroché à son dos une bonne minute. Après une violente lutte, elle s'écroule sous mon attaque. La lave de son cul est une apocalypse.

L'orgasme que j'éprouve est comme un lien divin. J'ai envie de mourir. Mais grâce à la richesse de son sol volcanique, à ses pluies généreuses, je pourrai peut-être renaître.

Elle est celle qui a changé ma vision du monde. Elle est l'inévitable. Son sens si simple de la vie et de la mort m'oblige à m'interroger sur ma propre vie, à affronter mon destin, à regarder différemment la mère Nature. Elle est ma vie et mon mirage.

Maïna laisse tomber de sa main tremblante les trois feuillets où Jean lui a dit son amour. Puis elle se redresse, se penche vers son mari étendu, et avale d'un coup le pénis insurgé qu'elle branlottait négligemment durant sa lecture. Gorge profonde... Elle se met à le pomper comme une pute pressée, elle veut sentir en elle couler la vie de son homme livré à sa morsure...

Quand il jouit enfin, à longs jets réguliers, elle le reçoit et l'avale comme elle recevrait la semence d'un dieu.

LA DOUBLE PÉNÉTRATION

Maïna vient de publier un premier roman érotique plutôt soft. Son éditeur lui a organisé une séance de dédicaces dans une petite librairie très spécialisée de la rue Pierre-Lescot. Dans l'étroite boutique, on lui a réservé une petite table. Les exemplaires de son roman empilés près d'elle semblent faire de l'œil aux familiers de la librairie, car le portrait de Maïna s'étale sur la couverture – une photo ambiguë, une œillade suggestive, à demi cachée derrière une mèche blonde, comme le faisait autrefois Veronika Lake.

Maïna est là depuis deux heures déjà, et elle a écoulé une vingtaine d'ouvrages. De se sentir entourée de curieux venus ici pour les magazines érotiques, les publications spécialisées, les albums de photos pornographiques, les bandes dessinées explicites, elle retire une impression étrange, comme si elle était elle-même un objet érotique que les passants pourraient manipuler à leur gré – et acheter, peut-être. Son regard s'est enfiévré. Pour n'importe quel observateur perspicace, il est évident qu'elle mouille abondamment.

L'homme qui se penche vers elle, après avoir feuilleté son livre d'un index las, paraît, tant il est élégant, presque incongru dans cette librairie vouée aux cochoncetés. Près de la cinquantaine, grand, mince, il est vêtu d'un costume impeccable. Tandis qu'il échange avec

elle les phrases convenues réservées à ce genre de rencontres littéraires, elle le regarde, en contre-plongée. Elle a la tentation d'attraper sa cravate bleu nuit unie, qui pend au-dessus d'elle, de l'attirer à elle et de l'embrasser avec sauvagerie, pour mettre un peu de sang dans cette élégance glacée.

L'homme a-t-il flairé la tentation de Maïna ? Toujours est-il qu'il se redresse, sourit imperceptiblement, et tire de son portefeuille une carte de visite.

— Je reçois ce week-end quelques amis dans mon manoir, près du Neubourg, en Normandie. Vous me feriez plaisir de venir – dès vendredi soir, si vous voulez. Prenez le train jusqu'à Évreux. Téléphonez-moi votre heure d'arrivée. Mon chauffeur viendra vous chercher.

Manoir, Normandie, chauffeur : Maïna, élevée dans de sains principes démocratiques, n'est pas facilement éblouie par le luxe, mais l'homme a eu les mots qu'il fallait. Elle jette un coup d'œil sur la carte : un vicomte ! Cela fleure bon la vieille France et le libertinage. « J'irai », pense-t-elle.

À la sortie de la gare, elle cherche un instant du regard le chauffeur qu'on lui a promis. Un Noir immense, en livrée, s'incline devant elle.

— Mademoiselle, dit-il avec un vrai accent d'Africain de l'Ouest, Monsieur le Vicomte m'a envoyé.

Maïna monte dans l'inévitable Bentley d'un bleu profond – accordée, constate-t-elle, au costume que portait l'inquiétant personnage. Durant le court trajet – peut-être vingt minutes à une allure champêtre – , elle se perd dans ses méditations. De quoi ce week-end sera-t-il fait ? Qui sont les « amis » de ce curieux vicomte à la politesse trop exquise pour ne pas cacher une grande perversité ? Elle fixe la nuque impassible du chauffeur. Il a gardé sa casquette, comme il se doit,

mais il a apparemment le crâne rasé, et le cou gonflé de muscles rigides promet une vigueur exceptionnelle.

À son arrivée dans l'exquis petit domaine XVIIIe siècle, elle est accueillie par une Asiatique d'un âge indéterminé – elle pourrait avoir quarante ans, ou tout juste vingt.

— Monsieur le Vicomte a dû s'absenter, dit-elle avec un accent oriental indéfinissable. Il vous prie de l'excuser. Il sera là dans une demi-heure. Le chauffeur montera vos bagages jusqu'à votre chambre. Si vous voulez bien me suivre...

La femme la conduit à l'intérieur du petit château et la précède dans un grand vestibule orné de miroirs et de peintures lascives. Maïna remarque que l'Asiatique porte décidément une robe bien étrange : loin de se contenter de se boutonner par-devant, de façon très classique, la tenue possède aussi une longue rangée de boutons dans le dos. Une tenue disposée à s'épanouir côté cour et côté jardin, d'autant plus que les courbes de la croupe se balançant devant Maïna constituent une véritable provocation. Pourtant peu portée vers les femmes, elle doit résister à la tentation d'y mettre la main – comme on caresserait une statue.

La gouvernante s'efface pour laisser entrer Maïna dans un salon meublé de façon extravagante d'objets à tonalité érotique. Les meubles, tourmentés, sculptés par un ébéniste fou d'amour, ne sont que combinaisons de phallus et de vagins d'acajou. Le clou de ce curieux ameublement est, au centre du salon, une table dont le plateau consiste en une planisphère ronde, portée par quatre énormes phallus crachant du foutre – figés dans un bois sombre. Les fauteuils sont conçus de façon que l'on puisse aussi bien s'y enfoncer – et les accoudoirs sont alors prévus pour qu'on y pose ses genoux, les cuisses ouvertes – que s'y agenouiller, les mains

crispées sur le dossier de cuir anglais – les reins exhaussés savamment pour des pénétrations vigoureuses. Maïna caresse du bout des doigts les textures des meubles, le poli du bois, les imperceptibles éraflures du cuir, témoins muets de scènes échevelées.

Dans l'heure qui suit, les invités du vicomte, et le maître des lieux en personne, arrivent les uns après les autres. Les hommes, tous entre deux âges, sont d'une distinction parfaite, sous leur allure de gentlemen-farmers. Les femmes, presque toutes plus jeunes que leurs époux – mais sont-ils vraiment, sont-elles vraiment ce qu'ils prétendent être ? se demande Maïna, un peu déconcertée –, portent en revanche des tenues de paysannes d'opérette fort décolletées.

On leur sert, à dîner, des mets relevés de toutes sortes dont l'effet aphrodisiaque se révèle très vite dans les conversations épicées – quoique jamais le ton ne s'écarte d'une distinction bien élevée. Le dessert est une banane flambée – apportée effectivement en flammes – ceinte à la base de boules à la vanille. Sans que jamais le mot ne soit prononcé, il est évident que l'on s'achemine droit vers une orgie. Maïna sourit, à elle-même et à son voisin, un gentilhomme suprêmement élégant, dont elle réalise soudain qu'il a ouvert la braguette de son pantalon, et dégagé un sexe érigé, d'une vigueur incontestable. Elle tente de se concentrer sur les plats et les friandises. S'agit-il de chair ou d'une simple banane flambée au Grand Marnier ? Elle prend en bouche un morceau du fruit encore brûlant, et se penche vers l'entrejambe de son voisin. Elle le sent frémir, presque hennir, tandis qu'elle roule sous sa langue la banane chaude et le gland massif de l'homme.

Elle se relève après ces mignardises gastronomiques, sans aller jusqu'au bout de sa fellation – un avant-goût de ce qui va inévitablement suivre. La gouvernante a

ouvert sa robe par-devant comme par-derrière. D'un côté, elle met en évidence un phallus artificiel d'une proportion plus que respectable, accroché à la taille par une fine ceinture de cuir. De l'autre, elle laisse à disposition un fessier rebondi, plus africain que thaïlandais dans sa croupe provocante. Maïna apprendra plus tard, beaucoup plus tard, que la jeune femme est en fait antillaise, fruit des amours rares d'un marchand chinois et d'un métis jamaïcain.

Les invités n'attendent même pas que la table soit débarrassée des couverts pour s'entreprendre les uns les autres, qui de la main, qui de la bouche. La métisse allonge Maïna sur la table, et retrousse sa robe légère sous laquelle elle porte un string arachnéen. Et durant une minute peut-être, elle la caresse simplement du regard, jusqu'à ce que le sexe déjà bien lubrifié par les nourritures aphrodisiaques se métamorphose en fontaine débordant de sa coupe.

La femme arrache soudain le string en soie sauvage de Maïna et enfonce son godemiché dans son vagin haletant, d'un seul coup jusqu'à la garde. Maïna émet une sorte de feulement, tandis que le gland de latex lui bouscule les entrailles.

Une fois l'engin bien introduit dans son ventre, le propriétaire du manoir s'approche des deux femmes. D'une main, il tend à Maïna une coupe de champagne. De l'autre, il active, à la base du gode un petit bouton qui fait vibrer le sexe artificiel avec une intensité soudaine, arrachant un cri à la jeune femme. Le vicomte sort alors de son pantalon une verge bien réelle, qui n'a rien à envier au phallus artificiel. Sans préambule, il l'engloutit dans le derrière cambré de la masseuse. Maïna, appuyée sur les coudes, le voit pistonner férocement le cul dilaté de la métisse dont le regard énigmatique n'est plus qu'une fente dorée. Les coups de boutoir donnent à Maïna l'envie soudaine d'être à son

tour sodomisée, sans que pour autant la métisse cesse d'occuper son ventre, où le godemiché vibreur lui déclenche des rafales d'orgasmes.

Le vicomte a-t-il entendu le désir de son invitée ? Toujours est-il qu'il s'extirpe du cul crispé de son employée, la contourne et propose à la bouche de Maïna son sexe huilé de sécrétions inavouables. Elle a une infime hésitation, avant d'avaler, aussi loin qu'elle peut, la barre de chair souillée. Quelques instants plus tard, la femme qui la pénétrait se désengage de son ventre, la retourne sur la table, s'agenouille derrière elle et lui fait une feuille de rose exemplaire, pointant sa langue au plus secret de son anus, écartant les délicates membranes.

Le vicomte la remplace bientôt, et darde la tête de son membre à l'entrée de la porte. Il entreprend alors d'ouvrir en douceur le derrière de Maïna, tout en déclarant, de façon bien étrange :

— Le savoir est une lumière qui est en l'homme. Il est l'héritage que tout ce que les ancêtres ont pu connaître et qu'ils nous ont transmis en germe.

Il s'enfonce alors soudain brutalement au fond de l'anus complaisant, et éjacule dans le même mouvement. Fouaillée par le jet brutal, Maïna crie plusieurs fois avant de jouir à son tour. Son cul se resserre autour du sabre qui le fend, comme s'il voulait l'incorporer à jamais.

Le vicomte conserve son érection. Pendant ce temps, l'Asiate malaxe les seins de Maïna. Elle a réinséré le terrible gode dans son ventre, et a réglé l'engin sur la vibration maximale. À cette double pénétration, de chair et de latex, Maïna a la sensation d'être un agneau méchoui tournant sur sa broche, léchée par les flammes

ardentes de ses désirs. Elle est la voile d'un navire antique, gonflée de plaisir, et la vapeur d'un paquebot moderne, qui hurle tout en se dirigeant vers le cap et l'horizon des bonnes espérances – ses rêves enfin réalisés.

PAR-DEVANT, PAR-DERRIÈRE

Maïna, accroupie, nue, observe son sexe dans un miroir posé au sol.

Les deux coussinets entourant les lèvres externes de son vagin, qui vont de l'aine jusqu'aux grandes lèvres, ont le rebondi d'une paire de petites fesses. Chacune d'elles, à droite et à gauche de l'entrée de son sexe, est légèrement enflée, comme les testicules d'un homme quand le désir irrigue son bas-ventre. « C'est pour cela, pense-t-elle, que lorsque Jean me baise par-devant, il prétend avoir la sensation de m'enculer par-derrière. »

À cause du gonflement des lèvres autour de son minou, elle a souvent l'impression de prendre l'homme qui la baise, bien plus qu'il ne la possède. À chaque fois, l'enflure de son sexe fond comme neige au soleil au fur et à mesure qu'elle jouit, en commençant par son clitoris. Celui-ci implose ou explose suivant que c'est le devant qui l'emporte sur son derrière, ou son derrière qui l'emporte sur son devant.

À l'inverse (« c'est le cas de le dire », sourit-elle – car elle ne recule pas devant l'humour le plus débridé) quand elle examine de près son derrière, elle constate que l'œil d'iris de son anus est entouré d'un

duvet très fin – comme s'il revendiquait à son tour – et sans détour – le droit d'être lui aussi un vagin.

Elle lance alors ses doigts, qui depuis deux minutes butinaient son sexe et son clito, vers l'entrée de son derrière, devenu vestibule et corridor de son sexe antérieur. Elle y enfonce ses phalanges, et se trouve trempée comme si elle fouillait son vagin. « Quel est, se demande-t-elle une seconde avant de jouir, le mystère de cette femme dont le devant est son derrière, et son derrière son devant ? »

Et des larmes de jouissance, tombant sur le miroir resté entre ses jambes, brouillent la vision de la jeune femme – et, aussi bien, celle de sa biographe.

UROPHILIE

Maïna, à quatre pattes devant Jean, lascive comme à l'accoutumée, offre à son mari ses attributs dénudés. Il l'observe avec attention. Son cul, de par sa forme, ses poils follets et sa large ouverture lui évoquent davantage un vagin qu'un anus. Et sa curiosité est piquée au vif : il veut, une fois de plus, approfondir l'énigme de son cul con, son cul devenu con, ce cul revendiquant d'être un con.

Jean prend soin de le lécher d'abord, de le pénétrer avec le bout effilé de sa langue. Il perçoit, au frissonnement de la croupe de sa femme, cette légère appréhension qu'elle éprouve toujours, à quelques secondes d'une enculade vigoureuse, dans la crainte, bizarrement doublée d'espoir, que la pénétration de son con cul ne la déchire. Appréhension qu'elle n'éprouve jamais lorsqu'on l'entame par le devant. Bien au contraire, fourrager sa chatte avec la bouche, la main et la verge ne provoquent en elle que des gémissements de plaisir. Mais son cul con, lui, a après tout son quant à soi !

Jean prend bien soin de badigeonner de salive l'anus qu'il va perforer. Il l'enduit même de vaseline, pour le rendre plus coulissant. Son doigt huilé s'introduit dans le rectum frémissant, s'y loge avec complaisance, ressort et s'y renfourne, jusqu'à ce que le muscle se

relâche, se distende. C'est le moment où Maïna n'est plus que désir de pénétration.

— Encule-moi ! mais encule-moi donc ! s'écrie-t-elle soudain.

Mais Jean, qui bande pourtant comme un obélisque, a décidé d'opter pour la lenteur. Il veut qu'elle désire, au-delà du désir, être distendue, ouverte infiniment, plus large par-derrière qu'elle ne l'est déjà par-devant : son cul con supporte d'ailleurs l'intromission d'objets que son con refuse.

Aussi, Jean retire son doigt, et c'est toute sa main, à présent, qu'il enduit de vaseline.

Quand il revient à elle, elle est déjà hagarde, les reins tendus, toute à son désir d'être sodomisée. Mais encore une fois, c'est un doigt qu'il insinue en elle – puis deux, puis trois. Et pour finir, la main entière.

Jean enfonce sa main, au-delà du poignet, dans le cocon de son derrière. Il jouit de sentir les contractions folles de ce cul con, presque aussi tendu que la chatte de Maïna au tout début de leurs amours, quand elle était encore à demi-vierge. Elle crie, de douleur et d'extase, consciente et inconsciente que ce qu'elle lui donne aujourd'hui, elle ne l'a encore donné à aucun homme.

Soudain, elle sent quelque chose de chaud ruisseler sur ses reins et ses fesses. Tout en la fistant avec insistance, Jean pisse sur sa femme, malgré son érection. De se savoir ainsi arrosée de cette douche dorée, elle jouit avec ardeur, et son anus haletant se referme spasmodiquement autour du poignet de son mari. Ce qu'il verse sur elle, ce sont les deux bouteilles de champagne bues en début de soirée. Elle ferme les yeux et lui lance :

— Continue, continue jusqu'à la dernière goutte, pisse encore...

L'urine qui la trempe, et trempe la moquette sur laquelle elle est allongée, lui est une source purificatrice, une porte vers un ailleurs du sexe – cette région confuse qui peut enfin accéder à l'érotisme pur.

Jean retire enfin sa main – Maïna a un cri bestial quand l'anus est encore une fois distendu à l'extrême, au passage du pouce. Puis elle se retourne, les jambes écartées, le vagin béant.

— Viens, viens en moi ! supplie-t-elle.

Jean, cette fois, exauce le désir de sa femme, et l'enfile. Elle est si mouillée qu'il a l'impression de glisser son pénis dans un gant de laine plein de graisse. Après une vingtaine d'allers-retours, elle lui demande de se retirer de sa chatte inondée de cyprine. Maïna le fait s'allonger sur le sol, se positionne juste au-dessus de son ventre, où la verge continue à défier le ciel, et elle pisse longuement à son tour.

Sous l'averse, Jean est sur le point d'éclater. Mais Maïna ne veut rien perdre de ce qu'il pourrait lui donner. Aussi se penche-t-elle, et avale au plus loin la queue imbibée de mouille et de pisse. Elle adore éprouver le goût de son propre arôme – quand elle était petite fille, elle était assez souple pour se branler avec la langue, les jambes retournées sur son visage, le clitoris contre son nez.

Maïna lape le pénis érigé, et sent monter le sperme. Et sous la caresse insistante de cette bouche gourmande, Jean finit par exploser. Maïna tète goulûment les longs jets de foutre odorant, et reste accolée au ventre de son mari, la verge encore tendue tout entière dans sa bouche, tandis qu'il pisse sur sa langue. Elle avale la pisse champagnisée comme elle a avalé le sperme, fière d'avoir extrait de ce phallus tout ce qu'il pouvait donner.

Et à nouveau, elle s'allonge sur lui, mais en posant son ventre, cette fois, juste au-dessus de son visage. Et longuement, comme une femme-fontaine inépuisable, elle pisse sur lui, lui intimant l'ordre de boire à son tour son urine. Elle voudrait jouir en même temps, mais il lui a arraché de tels orgasmes, depuis une demi-heure, qu'elle n'a plus en elle assez de cyprine pour la mêler à sa pisse qui gicle drue.

Cette séance inaugura une nouvelle ère dans leurs relations. Rien de ce qui sortait d'eux, dorénavant, ne fut plus tabou. Sperme ou pisse, et même morceaux de merde coincée sous le bourrelet du gland, tout se répandit et se consomma, comme s'ils voulaient, l'un et l'autre, vivre d'amour en circuit fermé, avalant leurs sécrétions et leurs ordures pour en produire à nouveau, à l'infini.

« L'amour, aime à dire Maïna, c'est le mouvement perpétuel. »

Lolita L.

Maïna avait à peine treize ans. Nymphette précoce, elle flirtait déjà depuis six mois avec son voisin de palier, un avocat âgé d'une bonne cinquantaine d'années – mais portant beau. Elle minaudait, l'agaçait, remettait en place dans l'escalier, les jours où elle était habillée court, la bride de sa chaussure, lui offrant un aperçu ravageur, au-delà de ses cannes de serin, sur sa petite culotte blanche.

Elle se relevait alors, en toute innocence, lorsqu'elle entendait, derrière elle, le souffle court de l'homme arrêté, cinq marches plus bas, dans la contemplation de son martyre.

Il l'avait remarquée – ramassée – fortuitement, comme un objet trouvé. Un jour, de retour du collège, elle s'était aperçue qu'elle avait oublié ses clefs d'appartement. Ses parents étant absents, elle se retrouva à la porte de chez elle. Elle s'assit sur les marches, patienta deux minutes, puis s'installa plus commodément, fouilla dans son cartable, consulta son cahier de textes et se mit à faire ses devoirs – en chantonnant un air de Mylène Farmer qu'elle aimait bien à cette époque – *Pourvu qu'elles soient douces.*

Ton regard oblique
En rien n'est lubrique
Ton goût du revers

N'a rien de pervers...

L'avocat, de l'autre côté du palier, résista tant qu'il put à la voix cristalline qui distillait, derrière le panneau de chêne, les amabilités libertines de la jeune chanteuse. Puis la tentation de jeter un coup d'œil fut plus forte que le lent décryptage du dossier de divorce sur lequel il planchait. Et il entrebâilla la porte d'entrée, et reconnut la petite voisine qu'il avait croisée cent fois dans l'escalier sans y prêter attention. Il embrassa d'un coup toute la scène : les socquettes blanches, les jambes maigrichonnes, le corps fluet où perçaient déjà deux seins vaguement prometteurs, le cou gracile, les cheveux blonds qui tombaient dans les yeux et qu'elle relevait, d'un geste automatique, toutes les trente secondes. Et la voix qui, imperturbable, continuait à égrener les perversions innocentes de Mylène...

Ton Kama Soutra a bien cent ans d'âge

Mon Dieu que c'est démodé...

Sans doute Maïna le vit-elle... Mais elle eut la bonne idée de n'en rien laisser paraître. Elle continua sa chanson...

Le nec plus ultra dans ce paysage

C'est d'aimer des deux côtés...

... jusqu'à ce qu'il l'interpelle doucement.

— Eh bien ! Tu es à la porte ?

Elle lui raconta ses malheurs. Il lui proposa d'attendre chez lui, ce qui serait plus confortable, lui dénicha un verre de limonade et des cigarettes russes, et lui dit qu'il avait du travail. Mais il laissa ouverte la porte du bureau, et dix minutes plus tard, après s'être restaurée, la gamine passa la tête – cette frimousse irrésistible, entre enfance perpétuée et adolescence fatidique. Elle chantonnait, comme une comptine, la suite de sa chanson :

Muse ou égérie mes petites fesses

Ne cessent de t'inspirer...

Et l'avocat – appelons-le Emmanuel, il était déjà à l'époque un ténor du barreau, et il l'est resté – sut, dans l'instant, qu'il était accroché, harponné, happé.

Il y avait dans la pièce un large fauteuil de cuir, face au bureau. Maïna s'y installa gaiement. D'un geste souple et enfantin, elle souleva sa jupe plissée et posa ses jeunes fesses à même le cuir vert. Était-ce son allure sage, la position de ses jambes serrées l'une contre l'autre ou ses socquettes blanches qui le troublaient tant ? Son sang se mit à battre dans ses tempes, tandis qu'il la regardait – elle dégustait lentement les deux dernières cigarettes de biscuit, les suçant, mordillant – et les craquant soudain entre ses dents.

Le pénis d'Emmanuel gonfla au point de lui faire mal. Au moment où l'avocat se levait, il y eut un bruit dans le couloir.

— Ah ! voilà papa, dit la gamine en sautant de son fauteuil.

Elle alla à son hôte, l'embrassa très légèrement sur la joue, et s'enfuit.

Emmanuel P*** se frotta la joue. Il entendit la porte d'entrée se refermer : elle était partie ! D'un air hagard, il contourna son bureau, et caressa le cuir du fauteuil, encore chaud des cuisses de la gamine. Puis, sans réfléchir, il dégrafa son pantalon, et se branla frénétiquement au-dessus du fauteuil, où, quelques instants plus tard, une longue giclée de foutre vint s'écraser.

Un mois plus tard, il la retrouva sur le palier – elle avait encore perdu ses clefs. Il lui suggéra d'entrer chez lui, le cœur battant. Elle minauda, juste le temps de lui faire perdre ce qui lui restait de contrôle de soi. Et sur le pas de la porte, au risque d'être aperçu par la première bigote descendant de l'étage supérieur, il avança ses mains d'homme cultivé vers le chemisier immaculé.

Mais a-t-il le droit de déflorer cette femme-enfant ? Est-elle véritablement un être de chair et de sang ? Est-elle une chimère, une sirène ? Il l'aime déjà, mais il a besoin de dépasser le désir. Il aimerait qu'elle soit la Belle, ce joli cocker de bonne famille, et lui le clochard, un bâtard, un croisé de n'importe quoi. Il aimerait l'emmener manger des spaghettis, qu'ils prendraient dans leur gueule chacun par un bout pour s'embrasser tendrement. Il repense aux *Dirty Comics* des années vingt, au *Fritz the Cat* de Robert Crumb, et au *Tarzoon, la honte de la jungle* de Picha. Assurément, Maïna est plus qu'une femme – elle est un totem. Il l'aime, il l'encense – il l'ensemence : le foutre jaillit de sa verge en longs jets violents, qui s'écrasent contre la peau d'albâtre de la gamine.

Elle le regarde comme une déesse regarde son prêtre. De l'index, elle ramasse une giclée de sperme, qui coule sur son sein droit, et la porte à ses lèvres.

— Salé, dit-elle.

Elle entend alors les pas de ses parents dans la cage d'escalier. Elle se raidit un peu. Il perçoit le bruit des clefs dans la serrure de l'appartement voisin. Mais elle ne manifeste aucune intention de partir. Elle fixe la verge à peine flageolante, qui sous le feu du regard de la déesse reprend sa vigueur initiale.

Comment va-t-il la totémiser ? Elle n'est pas encore une mante religieuse, elle n'est pas encore un vampire. Elle ne l'a pas encore branlé, elle ne lui a pas encore sucé le sang jusqu'à lui faire décharger ses couilles pleines de semence. Mais elle est déjà une chauve-souris, celle qui bientôt vivra la nuit, celle qui bientôt possédera des yeux infrarouges pour choisir ses mâles à la tombée du jour, celle qui se fera suspendre par des chaînes dans des clubs échangistes, celle qui pompera la substance de ses proies masculines...

Maïna se penche, récupère sa jupe, et la remet prestement. Elle remet son chemisier, le lisse sur sa peau pour l'imprégner du foutre déjà froid – là où le tissu s'est mouillé de sperme, la peau par transparence se devine. Elle récupère son soutien-gorge dans l'entrée, le fourre dans son cartable.

Et elle l'embrasse sur la joue, avant de s'éclipser.

La spermophile

Maïna fut un temps, par pur caprice, adepte exclusive de la fellation. Elle refusait toute pénétration, n'offrant aux membres de ses amants que sa jolie bouche devenue mandarine à force de sucer les pénis en érection.

Elle n'aimait rien tant, durant cette période étrange de sa vie, que de sucer des hommes dans des lieux insensés. Elle fréquenta, comme une goule, les cimetières parisiens, guettant les veufs éplorés. Elle hanta les églises, buvant à longs traits, dans les confessionnaux, le foutre épais de prêtres frustrés. Elle s'installait à l'avant des taxis, pour avoir l'occasion d'enfourner le membre extasié des conducteurs au milieu des embouteillages – au vu et au su des deux-roues qui frôlaient les voitures, avec une perspective plongeante sur ce qui s'y passait.

Au début, comme toute jeune fille bien élevée, elle avalait le sperme de ses amants de passage. Mais l'un d'eux, au moment d'éjaculer, se retira de sa bouche et lui jeta son venin au visage, tel un cobra. L'homme ensuite étala le foutre frais sur sa peau, lui ordonnant positivement de ne pas se rincer dans la demi-heure à venir – et elle sentit le sperme lentement se sécher, tendre son épiderme, comme si elle était prise dans une

gaine, tandis que le parfum salé s'épaississait et dégageait des effluves de marée basse.

Dès lors, elle eut plaisir à étaler sur elle le foutre qu'elle pompait. À chaque fois, elle avait l'impression de se transformer en Messaline, cette impératrice qui, selon la légende, se faisait enduire du sperme des jeunes adolescents qui se masturbaient sur elle.

Un soir, au cours d'une de ces séances de masturbation acharnée, dans l'une de ces boîtes échangistes où elle avait rapidement acquis la réputation d'être l'une des meilleures trayeuses de Paris, l'un de ses partenaires exigea que les autres s'écartent, un peu comme au poker l'un des joueurs demande parfois à jouer en tête à tête avec son adversaire. L'homme avait une réputation de grand érotomane, et on accéda à sa demande.

Dans l'obscurité de l'alcôve où ils s'étaient installés, l'homme lui attacha les mains dans le dos avec sa cravate, dégaina une vraie bite de cheval, et ordonna à Maïna de le satisfaire. Jusque-là, pensa-t-elle, rien de bien nouveau – sinon la performance d'ouvrir assez grande la bouche pour absorber le gland épais comme un poing d'enfant.

Elle le pompait de son mieux quand elle sentit les mains de son fouteur se poser sur son cou. Avec une force qui la saisit d'angoisse, il commença à l'étrangler. Surprise par la violence de l'acte, elle tenta bien de se dégager de son étreinte. Mais c'était parfaitement impossible. Elle entendait, comme dans un rêve, les bruits alentour qui s'estompaient. Elle se noyait dans son vertige. Elle allait sombrer, quand l'étreinte se relâcha – pour revenir plus forte encore dès qu'elle eut repris son souffle. L'angoisse de la strangulation, la peur de mourir contractèrent violemment ses sphincters, et elle eut un orgasme dément, un orgasme ultime.

La pression alors cessa, et l'homme inonda son gosier d'un foutre épais et froid – comme si elle avait sucé un vampire. Elle pensa soudain à la mandragore, la fleur mythique qui pousse au pied des potences – née du sperme des pendus.

Titubante, elle se précipita aux toilettes, où elle contempla avec délectation, dans le miroir qui lui renvoyait l'image d'une fille échevelée, livide, les cicatrices qui cinglaient son cou.

Jamais une fellation ne l'avait fait autant jouir. Le lendemain, elle le rappela. Ils se revirent plusieurs fois, dans des lieux divers. À chaque étreinte, la privation de l'air était de plus en plus importante. Mais la poussée d'adrénaline était si puissante qu'elle enclenchait à chaque fois des orgasmes de plus en plus monstrueux.

Ils firent ensemble un voyage à Macao. Il semblait connaître la ville comme sa poche, et l'amena dans un bordel très particulier, où toutes les prostituées avaient une corde autour du cou : les clients pouvaient, à leur gré, les étrangler – à la limite de l'inconscience – tout en les forniquant d'une façon ou d'une autre.

Ce fut dans cet établissement, où il l'abandonna une nuit entière, qu'elle connut la plus sauvage extase de sa vie. Trois hommes s'enfoncèrent en elle, pendant que l'une des putes, requise pour la circonstance, l'étranglait doucement, avec un lacet de cuir tressé, dont les stigmates mirent près de quinze jours à s'effacer. Tout son corps, forcé pourtant par les trois partenaires, se raidissait, protestait, se cabrait – jamais elle ne fut plus étroite, jamais elle ne fut plus comblée.

LA TRIPLETTE DE FALAFEL

Falafel est le sobriquet que donnent à Maïna ses amis juifs et libanais, à Paris comme à Beyrouth où elle s'est déjà rendue trois fois. Au cours de ses périples, ces va-et-vient continus à travers le Proche-Orient, l'Afrique, l'Europe et les États-Unis, destinations prioritaires de ses désirs gourmands et gourmets, elle a mérité ce surnom de Falafel par la qualité et la quantité des fellations administrées avec un talent à nul autre pareil.

— L'Asie me tente moins, précise-t-elle lorsqu'on l'interroge sur la question. Ils ne sont pas calibrés, en moyenne, sur le format que j'aime. Essorer des monstres, soit ! Mais sucer des crayons, non !

Pour les ignorants des cultures orientales, précisons tout de suite que le Falafel est une préparation à base de pois chiches écrasés, de persil, d'ail et de coriandre, souvent consommée dans une pita, la base de la cuisine libanaise et séfarade. Mais en ce qui concerne Maïna, « Falafel » est un hommage aux flots de liquide séminal de ses amants, consommés souvent comme des minipots de yaourt au réveil, pour profiter de leurs érections matinales, quand ils sont encore dans l'inconscience du dernier rêve avant l'aurore. Souvent elle les boit, mais

plus souvent encore elle s'en badigeonne. Ils sont, précise-t-elle, « la crème de jouvence de ma peau ».

C'est dès son premier voyage au Liban, alors qu'elle dégustait du falafel dans un restaurant de la corniche de Beyrouth, que ses amis et amies lui ont donné ce nom – pour son vingt-cinquième anniversaire, son jubilé d'argent.

Aussi, quelle idée d'avoir, après les nourritures disposées sur la nappe, poussé l'insolence jusqu'à ramper sous la table pour avaler goulûment les queues de ces messieurs – et pas mal de chattes en fureur qui s'offrirent ce soir-là à sa langue gourmande !

La scène se compliqua par la suite. Elle devint, entre les bras de ses amants d'un soir, tout à la fois pâte flexible et petit pain à farcir. Pénétrée par tous les trous, dégoulinante de sperme par tous les pores, elle représentait assez bien l'idéal d'une cuisine cannibale – consommée par ses cuisiniers mêmes.

Un poète oriental présent ce premier soir, après avoir vidé ses bourses dans le cul compatissant de Maïna, improvisa une longue incantation à la jeune femme que d'autres hommes, appelés en renfort, honoraient de leur vigueur insatiable.

Falafel ! Hommage à ta bouche,
Qui peut vider les bourses de dix lascars en file indienne,
Boire la liqueur sucrée de dix femmes en corolle,
Gouffre sans fond qui se nourrit de foutre !
Falafel ! Ô porte de la chatte,
Forcée par des pénis d'éléphant pistonnant ton ventre comme des bielles de locomotive,
Et cependant toujours fermée sur ses secrets, étroite comme un con de vierge !

Falafel ! Porte secrète de ton derrière,
Où s'aiguisent les membres de la confrérie,
Qui chantera ton anus étoilé plus souple qu'une main huilée, Plus prégnant toutefois – il essore les bites en moins de temps qu'il ne faut pour le dire !

Falafel ! Les trois portes de ton corps
S'ouvrent et se ferment à toute allure,
Comme si elles entraient en compétition,
Jalouses chacune d'accueillir le plus grand nombre d'hommes,
Sans compter les doigts et les langues des goules maléfiques !

Au cours de ces sarabandes charnelles, les couleurs et le goût du falafel évoquent chez elle et ses amants, à la fois, les désirs des vins, des araks et des champagnes dont elle est particulièrement friande et qu'ils consomment ensemble en goûtant aux charmes voluptueux de Falafel. Ainsi, pour eux, le falafel est devenu non seulement nourriture incarnée, mais aussi ivresse.
Il est également le symbole de cette atmosphère indéfinissable, l'air même qu'ils respirent dans le pays du Cèdre, cet air impalpable évoquant les tensions qui secouent l'estomac de Falafel, après ses repas et libations variées, lorsque trop chargée de foutre et de pois chiches, elle rend à la terre les ingrédients mâchés ingurgités durant l'orgie. Et ainsi les nourritures terrestres reviennent au sol qui les a engendrées, et le foutre bu en grandes quantités fécondera la terre généreuse.

Tout cela provoque d'étranges métamorphoses. Le falafel est une denrée pâteuse, une boue originelle, que les doigts peuvent modeler en d'innombrables entités. De même, Falafel est modifiée par les étreintes, sa

bouche devient chatte, sa chatte devient cul, elle suce avec les fesses et se fait enculer la bouche, elle a un clitoris dans le rectum et un point G sur la langue, elle pourrait engendrer en avalant du sperme, et disserter savamment sur le goût du foutre qui tapisse son con.

Il n'est pas jusqu'à ses partenaires mêmes qu'elle transforme. Les femmes qu'elle suce, elle métamorphose leur clitoris en petites verges tendues, que d'autres hommes avaleront comme ils avaleraient des queues. Mais les bites qu'elle essore, elle les taille si bien que ses amants sont transformés en amantes, qu'un con se creuse au-dessus de leurs couilles, qu'elle y entre ses doigts et ses lèvres pour cueillir les dernières larmes des liqueurs mélangées !

Le jour – ou plutôt la nuit – de son baptême à Beyrouth, dès l'orgie terminée, elle retourna, flageolante, barbouillée de foutre, de vin et d'hommages divers, à son hôtel, le *Phénicia.* Elle s'appuyait, chancelante, au bras de son amant libanais, un homme d'un âge certain, le visage marqué comme une vieille vigne, et le sexe taillé dans un bois d'olivier noueux.

À peine arrivés dans sa chambre, elle lui tailla une pipe d'anthologie. Pendant qu'elle tenait son cigare allumé par ses caresses coquines dans sa bouche, il la photographiait avec son téléphone portable – expédiant les images de la bouche dilatée de Maïna à tous les correspondants inscrits dans son carnet d'adresses – et même, dans son délire, à sa femme !

On distingue avec une évidence obscène, sur les images ainsi stockées, son pénis chocolaté qui entre et sort des lèvres couleur fraise de Maïna, dans un rythme soutenu, une cadence infernale. La bouche de Falafel n'est ni trop con, c'est-à-dire trop large dans son étreinte, ni trop cul, c'est-à-dire trop étroite autour du

phallus. Elle le trait minutieusement comme si elle s'affairait sur le pis d'une vache !

Enfin, il s'extrait des lèvres gonflées par les fellations innombrables accomplies au cours de la soirée, frotte sa queue contre la peau de son visage couleur de lait, avant d'éjaculer sur ses joues, son nez, ses paupières et ses cheveux blonds cendrés.

La fellation à peine terminée, elle le pria de bien vouloir lui montrer les photographies de leurs ébats. Et, en toute innocence, lui communiqua le numéro privé de son mari, Jean, demeuré à Paris, afin qu'il participe à son bonheur...

L'amant libanais est un poète dans le genre de Salah Stétié, et déclame d'abord des vers du grand homme de lettres :

Bientôt la fin. Bientôt dira la bouche
Ce que le puits. Qui a les lèvres pures
On le saura. Les mots décideront.
Nous serons allongés dans le simple...

Puis, enhardi par les mots du poète, il improvisa un hymne à la gloire de sa compagne de la nuit, la petite Falafel célébrée par tous ceux dont elle a, à longs traits, bu l'essence de vie :

Ô Falafel, mon sexe ainsi dressé, de ta main à ta bouche,
Me fait penser au manche de l'un ces vieux téléphones noirs à l'ancienne.
Ta bouche est l'écouteur dans lequel j'ai envie de te fredonner mille et une chansons
Que mon petit oiseau exécute dans son Cantique des Cantiques !

Maïna est fille de mots, et la poésie, immanquablement, éveille les petites et grandes lèvres de sa chatte qui veulent pratiquer, à leur tour, une fellation. Pourtant, elles ont gonflé jusqu'à la douleur, parcourues par

de trop nombreux mâles en rut. Mais dans leur incandescence, elles n'aspirent qu'à être une nouvelle fois forcées.

Ses lèvres d'en bas voudraient sucer la verge à nouveau dressé de l'homme, comme l'ont sucé les lèvres d'en haut. Son vagin n'est pas en reste. Animé d'une vie propre, il souhaite aspirer le fût et la colonne, et se barbouiller encore une fois d'eau-de-vie. Mais son derrière, pour démanteler qu'il soit, après les assauts répétés des convives, souhaite lui aussi être de la partie, il voudrait lui aussi pratiquer une fellation de son cher partenaire libanais.

Ce dérèglement des sens atteint un tel point que sa chatte semble vouloir se prendre pour son cul et sa bouche lui donne la sensation de devenir cul et chatte à la fois !

Le Libanais fait glisser ses doigts sur les poils pubiens de Falafel. À peine effleuré, son sexe gonfle de désir. Les deux coussinets entourant les lèvres externes de son vagin, de l'aine jusqu'aux grandes lèvres, donnent l'impression de se transformer en une paire de petites fesses. Chacune d'elles, à droite et à gauche de l'entrée de son sexe, enfle comme les testicules d'un homme quand le désir irrigue son bas-ventre.

Et lorsque son amant commence à la baiser par-devant, il a la sensation qu'il l'encule par-derrière à cause du gonflement de son minou. Il a l'impression que c'est elle qui le prend. L'enflure entourant son sexe fond à vue d'œil comme neige au soleil, au fur et à mesure qu'elle jouit.

Son amant de circonstance lui dit alors, après avoir encore une fois honoré de son foutre le temple :

Quand j'examine de près ton derrière, je constate que l'œil de fleur d'iris de ton anus est entouré d'un duvet très fin. J'ai la forte impression que ton derrière

revendique à son tour – et sans détour – le droit d'être lui aussi un vagin et d'être bourré illico presto.

Comme quoi les plus grands poètes, dans le feu du désir, s'expriment parfois de façon bien prosaïque !

Maïna éprouve un étrange ébranlement à l'approche des doigts de son amant, qui s'insinuent dans son cul pour en ouvrir l'entrée, et de son phallus, qui s'enfonce enfin entre ses fesses. Elle est presque aussitôt secouée par un orgasme plus intense encore que tous ceux éprouvés au cours de la soirée – tant il est vrai que contrairement aux hommes, dont la première décharge est souvent la plus abondante, la jouissance des femmes s'accroît au fil des événements, chaque secousse étant plus violente que la précédente !

Et son partenaire, et ami de longue date, ne peut s'empêcher de se demander quel est le mystère de cette femme, dont le devant est devenu à la fois son derrière et son derrière son devant, alors que sa bouche a pris la place de l'un ou de l'autre, de l'un et de l'autre. Et il éjacule un foutre clair – à moins qu'il ne pisse dans ce cul défoncé.

À peine sorti des entrailles de sa maîtresse, il la chante une dernière fois :

Ma petite Falafel, autrefois quand une créature de ton sexe me caressait les cheveux, c'était mon zizi qui se dressait. Mais avec toi, quand tu prends mon phallus dans ta bouche, ce sont mes cheveux qui se dressent ! Quand je suis dans ta chatte, j'ai l'impression d'être dans ton cul ou ta bouche ; quand je suis planté dans le trou de ton cul, j'ai la sensation que c'est ta chatte et ta bouche qui me pompent. Mais quelle magie opère ces métamorphoses des trois portes de ton corps ?

Falafel, debout face à lui, se remet du rouge à lèvres, rouge baiser, d'une main tout en relevant ses cheveux de l'autre et lui répond, souriante et fière d'elle :

Mes trois ouvertures et les métamorphoses des unes par rapport aux autres ne sont que le reflet de la réalité que je vis dans le monde actuel, celui de mon époque et de ma génération ! Toujours en mouvement, toujours dans les trains à grande vitesse, en voiture, en avion, en bateau, entre ciel et mer ! Chacun de mes organes, chacun des sens de ma perception est davantage l'incarnation de l'atomisation et de l'orgasme du monde, plus que des miens ! C'est pourquoi, aujourd'hui, à Beyrouth, je crois être la reine des oiseaux du Liban et du reste du monde écoutant et répondant par tous mes sens à l'aspiration et à la respiration du monde, celui que j'aime sucer pour le soulager alors qu'il se soulage probablement dans la succion de son mal et de son bien. Tel est pris qui croyait prendre ! Mais ne faut-il pas toujours casser des œufs pour faire une omelette ?

Djibouti

Maïna et son mari possédaient à Djibouti une société d'importation de café. Cela ne les empêchait pas de se déplacer presque partout dans le monde, à la recherche de ces crus rares dont raffolent les véritables amateurs. Mais en cette fin d'année 1999, ils étaient à Djibouti, principal port d'exportation de l'Afrique de l'Est. Ceux qui connaissent la région savent combien les divertissements dans cette capitale sont peu variés : quelques bars à matelots, de rares restaurants français et éthiopiens – et, à cette époque, la boîte de nuit à la mode, tenue par le très attirant Alain.

Depuis leur retour sur la côte de l'océan Indien, une semaine auparavant, Alain s'était montré fort empressé, à chacune de leurs visites dans sa boîte. Cet ancien mercenaire avait, outre sa qualité d'*entertainer*, la réputation de fournir toujours en gros bras les officiels, et les officieux, désireux de s'allouer les services de tueurs en tout genre (une activité toujours florissante dans cette ville livrée aux appétits des clans au pouvoir). Bel homme, mais le visage marqué de cicatrices impressionnantes, il reluquait sans trop s'en cacher le cul de Maïna, toujours sanglée dans des jupes très serrées, et ses seins plantureux débordant largement des chemisiers en coton blanc volontiers échancrés, de

sorte qu'Alain accrochait ses regards aux deux petits tétons roses qui bandaient de désir dès que sa main les frôlait involontairement ou non.

La chaleur écrasante du soleil de la mer Rouge lui faisait couler sous les aisselles, dans l'entrejambe et surtout tout au long de la raie de son cul une sueur épaisse qui lui donnait l'impression d'être pleine de sperme toute la journée.

Alain n'avait cessé de se rendre agréable et disponible, les accompagnant dans leurs déplacements au lac Assal, à Obock et à Tadjoura. Il les invitait chaque jour à prendre l'apéritif au traditionnel *Palmier du Zinc*, puis à dîner dans l'un des restaurants éthiopiens ou yéménites de la petite capitale, et enfin à danser le soir jusqu'à l'aube dans sa discothèque, la *Galette bretonne*.

Jean, le mari de Maïna, ne pouvait s'imaginer combien sa femme mouillait dès que leur nouvel ami s'approchait d'elle. Peut-être aurait-il pu s'en douter, car chaque matin, au sortir de la boîte de nuit, Maïna avait le ventre affamé de désir, excitée qu'elle était par les gins tonic ingurgités entre chaque danse endiablée, les putes éthiopiennes qui se faisaient baiser par les marins français dans les toilettes, et surtout par la bite d'Alain. Depuis leur première rencontre, leur premier regard, elle se plaisait à considérer le renflement formidable du pantalon. Il lui suffisait, avait-elle remarqué, de fixer quelques secondes la braguette de leur hôte pour qu'une bosse faramineuse s'y dessine. Ce lui était devenu un jeu, que de faire bander ce surmâle manifestement fou de désir. En même temps, l'idée obsédante de ce phallus si bien tendu pour elle, vers elle, la mettait dans tous ses états. Elle eût aimé se l'enfourner par tous les trous, rêvait-elle, et elle consommait avec d'autant plus d'ardeur le sexe extasié de son conjoint.

Cet après-midi encore, après le déjeuner partagé avec Alain sur le pont de son yacht, elle a exigé, à l'heure de la sieste, de son époux adoré, qu'il l'encule d'un coup sec. Ils sont blottis dans la cabine qu'Alain a mise à leur disposition, afin que la peau dorée de Maïna se repose des puissants rayons du soleil qui ont déchiré ses hanches, ses cuisses et même son minou presque entièrement rasé, à peine caché sous un minuscule string. Son anus est tellement gonflé de transpiration, que Jean y a engouffré sa queue comme s'il pénétrait une baratte de beurre fermier. Il l'a défoncée au moins pendant un quart d'heure. Sur le pont supérieur du bateau, était fredonné un chant de son pays natal, la Corse.

Vous n'imaginez pas, raconte aujourd'hui encore Maïna à qui veut bien l'entendre, le plaisir ineffable que l'on peut éprouver à se faire défoncer le cul tout en gardant une oreille sur les roucoulades célébrant la plage de Solenzara... surtout quand on désire par-dessus tout que ce soit le chanteur qui remplace votre époux au pied levé et vous éclate la rondelle...

Ainsi parle-t-elle dans les moments où elle se laisse aller aux confidences.

Ce soir, Alain a fait boire Jean bien plus que d'habitude. Sous l'effet du whisky, l'époux dont Maïna a essoré les couilles durant l'après-midi dodeline de la tête. Maïna, elle, est assise au bar de la *Galette*, près d'une belle putain noire dont les phéromones se combinent aux siennes pour mettre Alain, qui la serre de près, dans un état de tension extrême.

Les lumières sont plus que tamisées – si rares, en fait, que l'on ne voit que les dents de la pute. Maïna avale un énième Jet 27 glacé. Elle sent le sang battre au fond de son vagin, comme si un deuxième cœur, le

cœur du sexe, s'y trouvait. Elle porte ce soir une jupe longue et noire, fendue sur le côté gauche jusqu'aux trois quarts des cuisses. Elle a, pour l'instant, les jambes croisées.

Alain glisse prestement sa main sous le tissu. Immédiatement, elle déplie ses jambes, et les doigts rampent le long de la cuisse, se glissent sous l'élastique du string, et s'arrêtent sur le clitoris tout enflé de désir. Il la branle quelques instants, puis enfonce un doigt dans son vagin. Jean, distrait par la conversation de la pute, l'alcool et l'apparente décontraction de sa femme, est à cent lieues de se douter que la main de son copain fouille depuis cinq minutes le fond de l'utérus brûlant de son épouse. Sa main caresse calmement la nuque et les longs cheveux blond vénitien de Maïna, pendant qu'Alain la lime avec hardiesse, à l'assaut de son point G.

Elle brûle d'envie d'écarter ses cuisses, de s'allonger sur une table proche, d'offrir son sexe devant tous ces marins en chasse et de dire à Alain :

— Baise-moi, empale ton braquemart dans ma chatte...

Envie que tous ces mâles surexcités par la nuit, la chaleur et les prostituées parfumées avec violence sortent leurs grosses queues de missionnaires et de légionnaires et se branlent devant elle. Envie surtout qu'ils attachent son mari de façon à ce qu'il observe la scène, fou de douleur de voir son épouse enculée par son ami, la bouche ouverte dans l'attente du sperme de ces brutes en érection.

Elle s'incline légèrement en avant, de sorte que la main d'Alain peut glisser un peu plus dans son ventre. Sa paume se positionne ainsi contre la fente de son cul. Tous ses doigts roulent contre les parois de son vagin. Elle se dandine, comme si elle suivait avec le cul les rythmes frénétiques de la musique d'ambiance

– en fait pour que son minou monte et descende sur la main trempée de foutre et de sueur. Elle tend ses lèvres à son mari, occultant davantage encore son regard, et lui roule une pelle pendant qu'Alain continue de la branler.

— Caresse-moi les seins, murmure-t-elle à son époux.

Les deux lourdes poires débordent de son corsage détrempé de chaleur. Un peu éméché, Jean prend à pleines mains les deux nichons offerts dans le noir, et les caresse doucement – alors que Maïna souhaiterait qu'Alain les lui torde, les pince et les griffe. La chaleur à la fois l'excite et l'anesthésie : il lui faut des sensations bien plus fortes que d'habitude. Elle rêve d'entendre contre son oreille la voix éraillée de l'ancien mercenaire lui débiter des douceurs :

— Mets-toi à quatre pattes... Je vais te baiser par-devant et par-derrière. Tu es une chienne... Je vais te baiser comme une chienne...

Elle prévoit déjà l'envahissement douloureux de son intimité. Elle anticipe son cri de souffrance, quand la monstrueuse bite lui déchirera le cul et le minou...

La pute noire, qui seule a vu la manœuvre de son patron, tend à Jean un martini-vodka que Maïna lui ordonne de boire d'un coup sec.

C'est le verre de trop. Jean semble complètement soûl, à cette heure. Et il avoue qu'il désire rentrer à l'hôtel.

Alain, prévenant comme à son habitude, propose de les ramener.

Arrivé dans la chambre, Jean s'écroule de fatigue sur le lit conjugal. Maïna le déshabille, en bonne épouse attentive. Alain, qui leur a emboîté le pas, s'assoit sur le bord du lit et la tire par les cheveux. Elle s'accroupit entre ses jambes et sort enfin de son écrin

de coton écru sa forte queue de voyou, plus belle encore que ce qu'elle rêvait. Alain pose sa main épaisse sur la joue de la jeune femme et lui dit d'une voix toute militaire :

— Suce-la, salope.

Et il plaque sa tête contre ses poils.

Elle aspire d'un trait sa bite. De sa bouche, elle enveloppe de son mieux la verge épanouie, la serrant entre ses joues et sa langue comme dans une gaine. La queue gonflée de sang et de désir force ses mâchoires, et part tout au fond de sa gorge titiller sa luette. Maïna étoufferait, si l'envie d'être bourrée comme une pute à trois balles ne décuplait ses facultés d'absorption.

Alain soulève sa jupe. De la main droite, il saisit sur la table de nuit toute proche un long vase soliflor.

— Cambre-toi, ordonne-t-il, que je t'encule.

Il lui enfourne le cylindre de verre entre les fesses. Maïna frémit à l'entrée de l'objet dans son cul. Elle est déjà tout au bord de l'orgasme, ses sphincters se crispent, et elle a une peur affreuse que le vase ne se brise sous la force de ses muscles fessiers.

Alain cependant arrache son corsage et malaxe ses seins frénétiquement.

— Oui, oui, soupire Maïna, touche comme ils sont gros...

— Je vais te les déchirer, sale pute, riposte l'homme en tirant sérieusement sur les pointes dressées.

— Baise-moi, supplie Maïna, j'ai la chatte qui miaule... Tringle-moi !

Il la gifle à la volée. Au bruit de la claque, Jean s'agite dans son demi-coma d'ivrogne.

— Ta gueule, beugle Alain. Tu te tais, et tu me pompes.

Il la gifle à nouveau. Jean, toujours endormi, pousse un râle et rapproche sa tête du visage de sa femme, qui, instinctivement, s'écarte de l'organe d'Alain. Mais celui-ci la retient d'une main de fer.

— T'occupe pas de lui ! jette-t-il. Il est complètement cuit. Continue à me sucer !

Il lui balance une claque très appuyée sur ses mamelons qui pendent devant ses couilles gonflées de désir. Maïna crie, faiblement, tordue un instant de douleur et, l'instant suivant, excitée bien davantage par l'idée d'être manipulée comme une esclave, comme une pute. Elle anticipe les prochains coups, et cela la fait mouiller follement.

Elle recommence à laper de plus belle, par des petits coups de langue, la queue qui s'offre à elle. Puis à nouveau elle suce et aspire le phallus tout entier. Elle sent battre l'épaisse veine qui gonfle son braquemart comme un éclair durci. La queue danse dans sa bouche, refoule sa langue, cogne tout au fond de sa gorge. Elle l'abandonne un instant, enserre le gland dans sa main et le branle de plus en plus fort, tout en léchant la hampe.

— Crache sur ma bite, salope.

Elle s'exécute immédiatement. Sa salive coule entre ses doigts serrés sur la queue, et sa main, en coulissant, fait un petit clapotement. De l'autre main, elle saisit les lourdes couilles, et les fait rouler doucement l'une contre l'autre.

Alain continue à fouiller le fond de sa chatte avec ses doigts, et, en alternance, le fond de son cul avec le vase. Elle a l'impression d'avoir des boules de geishas contre son point G et au fond du rectum, en même temps. Ses sphincters se resserrent, menaçant de briser le frêle tube de verre.

Alain a-t-il senti monter le foutre ? L'approche de l'orgasme en tout cas libère ses instincts les plus sauvages. Il fait coulisser le lourd ceinturon de cuir dans les passants de son pantalon, le replie en deux dans sa main d'étrangleur et frappe le cul offert, un coup bref et net sur les fesses de plus en plus écartées et baveuses.

Sous l'effet de la douleur, Maïna hurle et manque de lâcher la queue : mais Alain ne l'entend pas ainsi. Il renfourne son phallus épais dans la belle bouche ouverte par le cri, et pousse son ventre en avant pour aller plus loin encore dans sa gorge. Il frappe une seconde fois, plus fort encore.

Le claquement de la ceinture sur la croupe dodelinante réveille Jean, pour le coup. Il ouvre un œil glauque. Maïna tente à nouveau de s'échapper de la poigne de fer d'Alain.

— Bouge pas ! gronde ce dernier. Je vais te défoncer la gorge !

Jean, encore entre deux rêves, se frotte les yeux. Il n'a pas encore réalisé que la silhouette accroupie devant lui est celle de sa femme.

Alain gicle une première fois au fond de la bouche de Maïna. Mais il se retient d'exploser complètement.

— N'avale pas ! lui ordonne-t-il. Garde tout sur la langue.

Il se maîtrise, ôte en douceur le vase du cul endolori de la jeune femme, l'attrape par les cheveux et tourne sa tête vers celle de son mari, qui réalise progressivement que son épouse tant aimée est en train de boire son copain.

— Regarde ta femme comme elle est chienne avec mon sperme dans sa bouche, dit Alain.

Et il ouvre avec deux doigts les mâchoires de Maïna. Un filet de sperme et de salive coule le long de son menton.

Jean tente bien de se lever. Mais l'alcool le fait tituber. Il s'écroule à nouveau sur le lit.

Alain abandonne un instant Maïna, va à la porte, et fait entrer deux hommes – des hommes de main, des mercenaires plus baraqués encore que leur patron. Ils saisissent d'emblée les bras de l'époux humilié, et le clouent sur le matelas. Alain s'empare d'une bouteille de whisky et en déverse une longue lichée dans la gorge de Jean.

— Ce whisky, explique-t-il, c'est tout le sperme que je vais envoyer dans le cul de ta femme.

Maïna est tétanisée d'angoisse. En même temps, voir son mari ainsi humilié l'excite terriblement.

— Tourne-toi, salope, que je t'encule, ordonne Alain.

Il l'oblige à poser ses genoux sur le lit, de sorte que sa tête se retrouve face au sexe mou de son mari, dont les vagues soubresauts sont contenus par les deux copains d'Alain. Le mercenaire se met derrière elle, et enfonce son gland massif dans son cul dilaté par le vase. Elle se contracte un peu. Il pousse encore plus fort. Tout le gland entre maintenant dans les fesses offertes. Elle le sent palpiter en elle, puis le reste de la colonne, huilée de sperme et de salive, coulisse tout entier dans le rectum. La bite qui la ramone lui semble colossale. Jamais elle n'a été enculée aussi loin, ni ouverte aussi fort.

Alain jette au mari enfin revenu à la pleine conscience :

— Regarde comme j'éclate le cul de ta femme.

— Connard ! sale connard ! grince Jean.

— Ah oui ? Écoute-la gémir, pauvre con ! Écoute comme elle aime ça !

Effectivement Maïna a commencé à onduler autour de la bite d'Alain. Et devant elle, la bite de son mari,

excité malgré lui par le spectacle, se redresse. Elle la prend dans sa bouche encore pleine du sperme d'Alain et le suce goulûment.

Alain, enfin, jouit à fond dans son cul. Il s'en retire immédiatement, et s'agenouille sur le lit, à quelques centimètres du visage de Jean.

— Sens-la, dit-il. Sens l'odeur de la merde de ta femme sur ma bite ! Sens comme elle a été enculée profondément. Plus profondément que tu n'iras jamais, connard !

Il fait un signe. L'un des deux hommes lâche Jean – mais Alain le maîtrise aisément, en le prenant à la gorge. À son tour, l'homme de main s'enfonce dans le cul haletant de Maïna, et l'explose avec méthode. Il a saisi le lourd ceinturon posé sur le lit, et en cingle méthodiquement les reins de Maïna. Enfin, sur un coup plus violent que les autres, il crache son foutre épais tout au fond de l'ampoule rectale.

Le troisième homme lui succède – mais c'est dans la chatte liquéfiée qu'il choisit de jouir...

Jean, alors, crache tout son venin dans la bouche de sa femme, qui prend un plaisir immense à être ainsi utilisée, manipulée, battue et contrainte...

Et soudain, ce fut comme si tout n'avait été qu'un rêve. Alain et ses deux comparses s'étaient éclipsés. Ne restait que Jean, gémissant, dont la verge se ratatinait doucement, et Maïna, débordante de foutre par tous ses trous, le cul en feu, écroulée sur le lit froissé.

Le lendemain, ils reprirent l'avion pour la France. Maïna avait encore mal aux fesses – elle garda pendant tout le voyage l'image aperçue, le matin même dans son miroir de son cul strié de larges plaques violettes. Les traces des coups mirent plus d'une semaine à s'estomper.

Jamais ils ne reparlèrent de cette nuit étoilée. Et jamais ils ne sont retournés à Djibouti.

Mais Maïna a revu Alain, par le plus pur des hasards, place Clichy. Elle l'a vu arriver sur elle – il ne l'avait pas encore vue, mais elle a reconnu tout de suite sa démarche chaloupée de grand fauve. Même au cœur du XVIIe arrondissement, il traînait avec lui quelque chose des jungles arpentées si longtemps.

Soudain, il a levé la tête, l'a fixée et a souri, de ce sourire carnassier et froid qu'elle pensait ne jamais revoir.

Les voici à présent qui remontent vers le cimetière Montmartre. Ils passent le pont de fer, et descendent la rue Joseph-de-Maistre, jusqu'au croisement de la rue Carpeaux. Alain, soudain, vire à gauche, et pousse une petite porte de fer qui donne sur l'ancien hôpital Bretonneau, aujourd'hui fermé et promis à la destruction.

Maïna frissonne. Le lieu, qui sent encore l'ancien éther et le pus rance, abrite, elle le sait, une colonie de clochards – une vraie cour des Miracles. Et elle comprend qu'elle va être livrée par ce monstre à ces hommes répugnants, auxquels un sacrifice humain ne ferait certes pas peur.

Elle tente bien de s'échapper, mais la main d'Alain est une poigne de fer. N'empêche : il a senti sa rébellion, et la gifle posément, sur chaque joue. Des larmes lui montent aux yeux.

Ils arrivent enfin dans un bâtiment un peu moins délabré que les autres, dont les fenêtres brisées ont été obstruées par de grands pans de plastique translucide, à demi arrachés, voletant au vent.

Dans cet antre, une demi-douzaine de mendiants quasi hugoliens font chauffer leur rata sur un feu de camp improvisé. Leurs yeux chassieux se tournent vers les nouveaux arrivants. L'un d'eux s'arrache à son ivresse, et se lève.

— Belle poule, dit-il, que tu nous amènes là, l'ami ! Faut-il la plumer ?

— Elle adorera ça, assure Alain. C'est une salope garantie, qui adore se faire mettre par des bittes puantes.

— Pour ça, rien à craindre ! ricane un autre SDF en se levant à son tour, et en exhibant une queue noirâtre déjà tendue. Rien à craindre ! On va te baiser ta copine par tous les trous !

Une quasi-vieillarde accroupie dans ses jupes ricane de toute sa bouche édentée.

— Et si en prime, elle veut bien me bouffer la chatte, grince-t-elle d'une voix éraillée par l'alcool, je lui pisserai ma gnôle sur la gueule !

Et c'est, dans l'instant qui suit, exactement ce qui se passe. Maïna est mise nue – les hommes n'ont guère la patience de défaire ses boutons, et ils tirent, chacun de leur côté, déchirant le chemisier de soie, la jupe courte, les sous-vêtements achetés fort cher chez La Perla. Sa chair elle-même, griffée, mordue, est en quelques instants couverte de bleus. Pour le coup, elle n'est pas même excitée, certaine d'être mise à mal par ces êtres d'un autre monde.

Ils la jettent à quatre pattes, et déjà l'un d'eux l'encule sans ménagement. D'autres saisissent ses seins, les tordent comme s'ils voulaient les arracher. La soûlarde s'agenouille devant Alain, et propose, presque timidement, sa bouche édentée : elle n'a pas tous les jours l'occasion de se mettre sur la langue un engin si rutilant, qui embaume l'eau de toilette de luxe. Et l'ancien mercenaire se laisse tailler une plume d'une qualité rare, tant son sexe épais coulisse bien entre les gencives usées.

Maïna cependant doit elle aussi sucer les verges qui forcent sa bouche, et leur odeur de pisse recuite, leur goût de fromage pourri la font vomir, une fois, une

seconde fois. Que leur importe ? Ils viennent, toujours plus nombreux, la baiser par tous les pores, répandre en elle leur sperme douteux. L'un d'eux, qui a gardé au fond de sa misère les passions compliquées de l'homme du monde qu'il fut autrefois, saisit une poignée de cordes et frappe avec une science rare les fesses pourfendues par les sexes baveux de ses camarades. En moins d'une minute, Maïna a le derrière en flammes. Elle est rapidement déchirée par les cinglons, son sang coule sur ses cuisses d'albâtre, mais l'un des vampires cueille avec délectation les gouttes grenat pour les lécher au bout de son doigt crasseux.

Enfin, ils se réunissent tous au-dessus d'elle, et crachent un foutre jaunâtre qui lui brouille la vue. Puis, posément, ils pissent ensemble sur le corps étendu. Elle est leur cuvette de chiottes. « Cloacus maximus », disait son latiniste de père, en évoquant les égouts de Rome. Eh bien ! elle est l'égout des déjections les plus impures de la capitale.

Son anus est soudain distendu par une intromission inattendue, et elle hurle. L'un des mendiants lui a enfourné par le goulot une bouteille de vin – heureusement, un Sylvaner d'une bonne année, et il pousse pour enfoncer au plus profond la bouteille d'Alsace. Son rectum est sur le point d'éclater. Elle a déjà été fistée dans sa vie, mais rien ne peut être comparé à cette agression sauvage. Quelqu'un ricane, et son rire entraîne, en cascade, l'hilarité générale.

Alain a disparu. Maïna gît dans un coin. La bouteille est finalement ressortie de ses fesses monstrueusement dilatées. Les hommes ont repris la cuisson lente de leur tambouille. Parfois, un nouvel arrivant interroge : « Qui c'est ?

— Une pute, tu peux l'utiliser comme tu veux », répond l'un ou l'autre des SDF.

Et immanquablement, elle est baisée de toutes les manières, arrosée de foutre et de pisse, parfois conchiée. Elle disparaît à présent sous les déjections, elle n'est plus qu'une matière à peine vivante sous les matières organiques qui lentement se refroidissent sur son épiderme ouvert d'estafilades nombreuses, comme une grenade éclatée.

Et dans sa demi-conscience, elle frissonne d'horreur, en pensant que l'un ou l'autre de ces monstres va, immanquablement, planter en elle un couteau ébréché pour se frayer un nouveau passage, lui fabriquer un con inédit, quelque part dans le flanc, dans le ventre. Elle tente bien de ramper pour gagner la sortie, mais à chaque fois, elle est impitoyablement rattrapée, ramenée vers le feu comme une bête hurlante, et trouée de nouveau. Elle est leur chose, leur marionnette. Elle restera là, pour une éternité, à pomper des queues malpropres.

La nuit tombe, il ne reste plus, dans la pièce soudain plus froide, que la lueur du feu, alimenté de vieilles planches. Aux fenêtres, les pans de plastique battent dans le vent, et le courant d'air fait jaillir du brasier des gerbes d'étincelles. Les mendiants, bourrés de gnôle, dodelinent de la tête à contre-flammes. Maïna, encore une fois, rampe vers la porte, très lentement. Elle est brisée de partout. Son corps n'est plus qu'une plaie. Les hommes la laissent passer, pour cette fois – peut-être est-elle déjà morte.

Dehors, il pleut à verse. Elle reste longtemps, à l'entrée de l'hôpital, sur la rue Carpeaux, pauvre silhouette nue bercée de pluie.

Elle entend soudain un bruit de pas.

— Beau cul, dit une voix.

— Qu'est-ce qu'elle s'est pris ! s'exclame un autre homme.

— Tu parles ! renchérit un troisième. Elle a encore du sperme qui lui suinte de l'anus.

— Quel anus ? Tu as vu ce trou !

— Sûr que c'est une pute, et une malpropre, encore !

— On se la fait ? propose l'un d'eux.

— Il pleut trop, raisonne une voix. Pas envie de me mouiller coquette !

Ils éclatent de rire, et leurs pas s'éloignent.

Maïna reste là, couchée sur le bitume. Et elle a l'impression que sa vie coule avec la pluie.

L'ORDINATRICE

Il y a quatre ans, Maïna est tombée amoureuse d'un informaticien fou. Elle qui avait toujours distribué son cul à des amants de passage le consacra exclusivement à cet homme, durant toute la période où elle lui appartint. Et jamais terme ne fut plus adéquat : elle se donna, et cette dépendance librement consentie se transforma vite en un esclavage codifié.

L'homme élabora en effet une échelle complexe de « sanctions » (récompenses / châtiments) qui couvrait chaque comportement, chaque moment de sa vie de femme. Au départ, les châtiments paraissent anodins – ils sont même, en un sens, des récompenses. Offrir comme sanction à une femme comme Maïna une sodomie féroce, c'est l'encourager au vice, tant elle aime la sensation d'une grosse queue qui lui laboure le rectum. Mais pour un informaticien adepte des systèmes binaires, le principe seul suffit à donner satisfaction – et son évolution vers des rigueurs de plus en plus corsées n'est pas une surenchère, mais un développement logique.

La logique binaire, la logique informatique, expliqua Maïna par la suite, irrigue notre quotidien : du téléphone portable à l'ordinateur, de l'ordinateur à la machine à laver la vaisselle, des différentes composantes de la voiture aux équipements musicaux de nos

appartements... C'est dans cet esprit numérique que je suis devenue pour mon amant une sorte d'unité centrale, d'ordinateur programmé dont il était le grand ordonnateur.

La clef de nos actions rapides et accélérées, cet ensemble d'hypothèses et de postures contradictoires, opposées et symétriques, réside dans la pré-programmation mutuelle en interface. À chaque sanction correspond une satisfaction, et vice versa.

Voici, continua-t-elle, les différents barreaux de nos échelles de satisfaction érotique.

PREMIÈRE ÉCHELLE DE SANCTIONS

Pénétration vaginale / pénétration anale

Thèse : récompense

Commentaire :

De toutes les postures, celle que je préférais est ce que nous étions convenus d'appeler mes chevauchées fantastico-érotiques sur son large pénis. Même si je ne dédaignais pas la longueur de son membre, c'est son épaisseur surtout qui m'excitait. Son gland avait pris l'habitude de tournoyer en moi comme pour me lessiver de l'intérieur, tout en allant d'avant en arrière. Il me raclait le vagin, il me le mettait à vif, de la vulve jusqu'au plus profond de la matrice.

À cette chevauchée fantastique par mon devant s'opposait, vu la dilatation forcée qu'imposait ce membre majuscule, la difficulté de la pénétration anale. Mon anus, pour frayé qu'il soit, se refermait sur cette poutre comme un cercle de métal. Il m'a d'ailleurs offert, pour symboliser cette étroitesse anale, cette virginité du cul toujours recommencée, qui firent si long-

temps mon succès et ma douleur, une bague étroite, un anneau d'or et de fer, que je ne peux enfiler qu'au petit doigt de ma main gauche.

Antithèse : sanction

Il se plaisait donc, après les brutales jouissances de devant, à me sanctionner en enfonçant son pieu dilaté dans mon cul coincé. Je hurlais, je grinçais des dents, je transpirais de douleur – mais rien ne le déviait de sa route cruelle.

Il a ainsi introduit le code binaire de la brutale pénétration anale dans un binôme bien / mal, juste / faux, devant / derrière. D'où série de formules en si / alors, d'où il découle que si je fais telle bêtise (ne pas respecter un rendez-vous, par exemple, ou enfiler un slip quand il m'a ordonné d'aller cul nu sous ma jupe légère – ou toute autre exigence dont l'ultime but consiste bien entendu à me faire fauter), alors je dois subir la première échelle de sanction – la pénétration anale.

En revanche, quand je suis ponctuelle, que ma lingerie (ou mon absence de lingerie) est adéquate, et globalement mon obéissance absolue, j'accède à l'échelle de satisfaction de la chevauchée fantastique – l'occupation béate de mon vagin.

On ne conclura pas, abusivement, qu'aux jouissances du devant s'opposait l'enfer du derrière. Il m'amenait à de tels sommets de plaisir que la douleur parfois suivait de très près – tant il me démantibulait le con. Il me limait mécaniquement, comme un piston insatiable, jusqu'à ce que je crie grâce, le suppliant qu'il m'enfonce sa grosse bite dans le derrière, malgré la douleur nouvelle qui, je le savais, en résulterait aussitôt.

Ce n'était pas toujours sa bite qu'il enfonçait dans mon cul. Si la faute était légère, c'était son doigt qu'il

y mettait – à ceci près qu'il le recourbait, une fois à l'intérieur, et que les trois vilains os de son index, dur comme du métal, me faisaient horriblement souffrir : l'exercice triplait la largeur de ce doigt, même si cela le raccourcissait du tiers ! Dans la typologie du si / alors, cette « petite échelle de sanction » était appliquée si mon retard coutumier était de moins de trois minutes ; symétriquement, j'accédais au petit degré de l'échelle de satisfaction – deux doigts glissés dans mon vagin, caressant avec adresse mon point G, à 2,5 centimètres de l'entrée, si j'arrivais quelques minutes en avance.

Synthèse : la douche rectale

Mais le langage binaire a ceci de particulier que toute opposition se résout dialectiquement en une unité supérieure, à son tour confrontée à son contraire.

La troisième partie de la dissertation, avait coutume de m'expliquer mon pédagogue de père, n'est pas à construire dans je ne sais quel amalgame improbable de la thèse et de la synthèse, ni à aller chercher Dieu sait où, dans une extériorité au sujet : non, elle consiste tout entière dans le dépassement – le retournement – de l'antithèse, dont les caractéristiques spécifiques se trouvent chargées du coefficient sémantique de la thèse...

Ainsi, je commençai à prendre goût à ces exercices de sodomie qui me révoltaient au début. L'alchimie de mon cerveau avait en effet compris que la meilleure façon d'exorciser le mal qu'il me faisait en me ramonant le derrière était de me convaincre, petit à petit, que cela me faisait du bien. Il s'aperçut bien sûr assez vite que l'horreur première de la pénétration anale était devenue pour moi un cruel délice. Cette transmutation du mal en bien l'amena à constater que, dans l'ordre

binaire, deux doubles positifs donnent du positif, de même que deux doubles négatifs ne donnent pas du négatif, mais également du positif. Ainsi, s'il est bon d'être bon, son contraire : il est mal d'être mal, donne également du bon.

En d'autres termes, si ma chevauchée vaginale adorée, ma récompense première dans l'échelle de satisfaction, me faisait énormément de bien, le mal que voulait me faire dans l'échelle de sanction la pénétration anale brutale se transformait, au bout de la souffrance, en chevauchée anale tout aussi adorable. Cette règle qui tend en permanence à positiver par la force du cerveau et sa capacité à transcender le mal avait transformé même les orifices d'où devait venir le mal en source de plaisir.

Je devins ainsi femme fontaine par-devant et par-derrière.

Je me mis donc à faire exprès d'arriver sérieusement en retard pour recevoir la prétendue sanction devenue satisfaction. Quant à mon partenaire, pensant aggraver la punition, il commença de son côté à uriner de plus en plus souvent et de plus en plus abondamment dans mon derrière, m'offrant un délicieux lavement à bonne température. Il aimait visiblement cela, d'autant plus que je lui jouais la comédie de celle qui avait mal – du mal qu'il pensait me faire subir, alors que ce mal s'était transformé en satisfaction délicieuse, suivant les règles numériques susmentionnées. Il s'enfonçait ainsi de plus en plus dans ce cul qu'il chérissait/ défonçait, et où, après avoir uriné copieusement, il éjaculait son foutre épais, par saccades de plus en plus puissantes. Ce cruel amant devenait à son tour homme-fontaine.

Urine, sperme et matières fécales diluées se fondaient en un mélange où le dosage entre l'acide de

l'urine, la crème du sperme et l'onctuosité de la merde donnait une sorte de soupe veloutée, qu'il fouettait avec sa queue, si bien qu'une mousse couronnait, à l'orée de mon cul, la mixture diabolique qui fermentait entre mes fesses.

DEUXIÈME ÉCHELLE DE SATISFACTIONS ET DE SANCTIONS

Léchage – fellation

Thèse : cunnilinctus

Ma deuxième grande satisfaction était de me faire lécher goulûment mais finement mon clitoris. Parfois sa langue de serpent, alléchée par mon miel, pénétrait dans mon couloir vaginal à cette profondeur spécifique de 2,5 centimètres où nous avions localisé le côté pile et le côté face de mon point G. Mon amant m'allumait et m'éteignait comme un arbre de Noël secoué par un orgasme électrique, passant de mon clitoris dressé comme un coq gaulois à mon point G, qui réverbérait les stimuli linguistiques dans une arborescence d'arc-en-ciel. Sa langue, râpeuse comme celle d'une chèvre, exaltait en détail les contours de mon point G... énital !

J'ai dit plus haut combien j'aimais qu'il mette son index dans mon vagin, pendant que son pouce caressait le point focal de mon clitoris où se trouvent concentrés tous mes nerfs. Pendant que son doigt s'enfonçait dans mon vagin, la sensation qui me serrait de l'intérieur, en allant vers le devant avec son index, et en poussant vers le bas avec son pouce, me procurait une extase cataclysmique, plus forte encore que si deux verges s'étaient enfoncées dans mon derrière et dans mon

vagin, explosant toutes deux en même temps, comme des grenades dont les éclats irradiaient intensément point G et clitoris.

J'arrivai, au sommet de mon extase, à dégouliner par tous mes trous et mes pores, dans ma quête inlassable et inclassable de devenir femme-fontaine. Je m'épanchais ainsi dans la bouche goulue de mon amant qui aimait se rincer les yeux à mes sécrétions intimes, quand je chevauchais son visage avec mon clitoris, mon vagin largement ouvert à son regard.

Antithèse : fellation

La fellation constituait l'échelle de sanctions symétrique à ma satisfaction susmentionnée. Il y avait là tout un cérémonial qui devait précéder l'éjaculation de mon partenaire au plus profond de ma gorge. Il commençait ainsi à me faire caresser son gland, du méat à la naissance des couilles. Je devais tenter de le pénétrer au plus profond avec la pointe de ma langue, tout en enrobant son gland dans ma bouche en caressant ses testicules. Ainsi léché, le méat sécrétait une rosée matinale d'un goût très proche du champagne, – ni urine, ni sperme, mais un parfum similaire à ce que je flairais sur ses lèvres, quand il m'avait bien pourléché le vagin.

Je devais ensuite, étape après étape, lécher ses bourses en appuyant très fort ma langue entre le bas de ses testicules et son ouverture anale, dans cet entre-deux du scrotum et du périnée dont la stimulation le mettait en transe. Cette zone, avais-je remarqué, était des plus érogènes, surtout si après avoir à peine touché du bout de ma langue l'orifice de son anus, je m'attar-

dais à la lécher avec vigueur – alternant parfois avec un habile enrobement de ses couilles dans ma bouche.

Les progressions entreprises sur le pénis de mon tourmenteur devaient titiller d'abord le prépuce, l'épiderme le moins sensible aux caresses, puis le gland, doucement parcouru de la langue et des dents, puis le scrotum, avant d'engloutir la verge tout entière, comme une canne à sucre – et retour au gland et au méat, jusqu'à l'éjaculation.

Le point d'orgue de cette échelle de sanctions était évidemment l'éjaculation, qui devait nécessairement, puisqu'elle était initialement punition, jaillir jusqu'à la dernière goutte au plus profond de ma gorge. Et pas question, comme le disait mon amant, « de faire la fine bouche » !

Il savait en effet que je détestais ce côté un peu visqueux et gras de son sperme dans ma bouche, qui me donnait l'impression d'avaler de la morve. Mes expériences précédentes en la matière m'avaient par ailleurs initiée au fait que l'odeur de chaque homme, au niveau même de sa peau et de son pénis, est plus ou moins agréable, et le goût de son sperme lui correspond assez : en quelques années, après mon dépucelage, j'étais devenue experte en la matière – une véritable taste-foutre ! En l'espèce, la saveur de mon tortionnaire ne me plaisait pas du tout. Sans doute le savait-il, car sentir son sperme avalé bien à regret lui procurait une excitation supérieure à celle ressentie lorsqu'il jouissait dans mon cul ou ma chatte. Bref, le tarif de cette échelle de sanction m'était des plus pénibles.

Synthèse : Maïna spermophile

J'ai donc assez rapidement développé un système immunitaire pour me protéger de cette irruption volca-

nique de sperme. Pour me garantir contre une éjaculation par trop précoce, j'avais mis au point une méthode très cartésienne où j'alternais le « je te prends » ; « je te lâche » ; « je te lèche » et « je te suce » – avant de le soulager enfin. Dans les crispations du pénis, on sent le désir d'éjaculer monter comme une mayonnaise. Tout commençait par l'épanchement au méat des premières perles de sperme, auxquelles je finis par prendre goût, jouant de la langue et des doigts pour retarder l'arrivée de son jus complet. Tout dépendait de ma technique de pompage. Et l'idée toute cérébrale de vider les couilles de mon partenaire m'amena rapidement à déguster et à apprécier son foutre, comme une maman qui libère les angoisses de son bébé.

Je finis par quêter comme une esclave une nouvelle fellation. Ce degré de maîtrise que j'avais atteint dans l'art de la pipe, à l'insu de mon partenaire, avait une nouvelle fois transformé la punition en satisfaction. J'en arrivai finalement à le supplier de me pisser dans la bouche, après y avoir éjaculé, pendant que je faisais pipi moi-même, tant je jouissais de sa décharge. Je me retrouvai ainsi femme-fontaine par la bouche et dame-pipi par le bas ! Peu à peu, je façonnais mon corps pour jouir par toutes les portes de la vie, par toutes les formes d'émission de sperme et d'urine de mon partenaire et de moi-même, fontaine universelle.

TROISIÈME ÉCHELLE DE SANCTIONS

Sanction / satisfaction totale : l'interpénétration

Il fallait que je parvienne à m'abstraire de cette passion dévorante, si je voulais continuer à progresser dans mon art. L'érotisme est le point le plus haut de la

sexualité, bien loin de la pornographie qui n'en est que la dérision industrielle. J'aspirais à devenir une courtisane accomplie, une hétaïre de luxe, une geisha parfaite – le condensé (ou le con dansé) de toutes les techniques patiemment mises au point par les plus grandes libertines des vingt derniers siècles.

En conséquence, je me fis conduire par mon amant dans une boîte échangiste où, sous prétexte de lui obéir et de satisfaire l'un de ses fantasmes – me voir baisée par d'autres, me voir m'humilier devant la queue de parfaits inconnus –, je me débarrasserais d'un amour trop fermé sur lui-même.

Nous sommes tombés sur deux gentils Noirs américains, l'un immense, dans le style joueur de basket de NBA, l'autre bien plus petit, mais bâti comme un gorille, un lutteur, ou un haltérophile.

À peine nos verres vidés, leurs mains baladeuses commencèrent à me caresser les mollets et les cuisses, puis les hanches – pendant que de mon côté, je frôlais de mes mains leurs sexes qui déformaient leurs pantalons. Ils me déshabillèrent enfin, et me firent monter sur la table. L'un colla sa bouche aux lèvres épaisses sur ma chatte, pompant mon clitoris comme une trayeuse électrique, l'autre se mit à me lécher l'anus.

Deux minutes plus tard, à quatre pattes sur la table, je prenais dans ma bouche, du mieux que je pus, le sexe dément du plus grand, tandis que l'autre continuait sur mon cul une feuille de rose ponctuée de pénétrations délicates et insistantes de sa langue.

— *Fuck me !* criai-je. *Fuck my ass !*

Ils ne se le firent pas dire deux fois. Le plus petit s'allongea par terre, m'attira sur lui et enfonça dans mon vagin haletant une verge noueuse comme un cep de vigne. L'autre s'arrima à mes hanches, et introduisit dans mon cul implorant un membre démesuré – il

s'enfonçait, s'enfonçait, remontait dans mon intestin, refoulait les matières immondes, me pénétrant jusqu'au cœur.

— *You... are... a bitch !* soupira celui sur lequel j'étais couchée, tandis que son copain m'assénait sur les fesses des claques monumentales qui me mettaient en feu.

Je confondais ainsi, dans la première échelle de sanctions, satisfaction et châtiment, chevauchée fantastique vaginale et enculade profonde – et les confondais en transmuant l'une et l'autre en jouissance instantanée.

Qui leur conseilla, juste après avoir barbouillé de foutre mes entrailles pile et face, de rester en moi et de pisser abondamment ? Le double jet me transporta dans des cieux à peine entrevus jusque-là. Je me mis moi-même à uriner involontairement, incapable de contrôler mes sphincters – et heureuse de me laisser ainsi aller, comme un bébé qui n'a pas encore appris le pot.

Quand je revins à moi, mon amant était parti, et nous ne nous revîmes jamais. Je restai toute la nuit dans cet antre du plaisir. Et bien des hommes usèrent de mon corps, m'aspergèrent de sperme et de pisse, m'enculèrent et m'enconnèrent, hissant la synthèse de la satisfaction et de la punition dans un septième ciel inouï.

La soumission triangulaire

À trente-deux ans, Maïna s'est déjà fait un nom comme écrivain de livres érotiques, ce qui lui donne une excellente excuse pour rester à l'écoute des fantasmes et perversions de toutes sortes, à commencer par les siens. Sa vie amoureuse est pleine de frasques multiples et variées. Rien ne lui fait peur – et la menacer d'un chibre majuscule, quasi mythologique, d'un Priape modelé sur celui des fresques de Pompéi, ne fait qu'exciter ses appétits.

Hier soir, une de ses amies, Stéphanie, l'emmène dîner avenue Foch chez William, un homme d'affaires très aisé. À peine est-elle installée dans la voiture de Stéphanie que cette dernière lui explique qu'Yvan, un jeune médecin, sera là lui aussi, et il brûle d'envie de la sauter.

— Quelle bonne nouvelle ! jubile Maïna. C'est curieux, le fait qu'il soit laid comme un pou me donne envie de sa queue.

— Je te préviens d'emblée : il n'est pas très bien membré. Il m'a enfilé le con avant-hier sur les canapés d'un salon privé chez Lapérouse. J'en garde un souvenir peu glorieux.

— Cela ne m'étonne pas ! ricane Maïna. Sa bite n'est pas faite pour les foufounettes, d'autant plus que

la tienne est large comme une main de boxeur. J'en sais quelque chose !

Si elle savait rougir, Stéphanie piquerait un fard à l'évocation de ce souvenir – Maïna l'a fistée par-devant et par-derrière, et elle ronronnait, enfilée sur son poignet, comme une chatte de gouttière.

— À ce sujet, poursuit notre héroïne, j'ai acheté un nouveau god. Il devrait mieux convenir à ton échancrure, ma puce. Il se gonfle à l'aide d'une poire. Le vendeur m'a même certifié qu'il était l'objet idéal pour les amateurs de dilatation.

— J'espère qu'il est double.

— Évidemment ! Comment peux-tu imaginer que je vais te mettre sans me limer aussi ! Il est muni de deux sexes de tailles différentes. Je t'enfilerai avec le plus gros des deux. Ma foufounette se contentera de l'autre, plus adapté à elle. Jusqu'au fond, de manière que nos clitos face à face s'échangent des baisers...

— En ce qui concerne Yvan, tu le baises, ou non ?

— C'est vraiment Quasimodo, ce type ! Mais j'ai vraiment envie de me le faire. Il a une femme qui ressemble à un tonneau, et une voiture démesurée, très chère et très puissante. Ce garçon a besoin de dominer sa partenaire, en réaction aux incertitudes qui l'animent. Mais il a une verge trop maladroite et trop peu habile pour lui déchirer le cul ou lui tringler la chatte jusqu'au sang.

— Je confirme ! Comment envisages-tu la chose ?

— Heu... Classique, quoi ! Debout face à moi. Je suis à quatre pattes. Je pompe à fond sa bite un peu molle jusqu'à ce qu'il soit prêt à exploser. Ensuite, je l'expulse de ma bouche tout en continuant à le masturber très doucement d'une main, afin de faire retomber un peu son désir. Il me traite de salope. En l'empêchant de jouir ainsi, je lui fabrique un manque, une frustration. Le jeu de la domination commence.

Toute l'habileté consiste à le rendre exigeant, voire violent à mon égard. Son éjaculation doit résulter de son désir, et non d'un besoin hygiénique ! C'est forcément un éjaculateur complexé, du fait de son incapacité à combler habituellement sa partenaire. Je veux le transformer en éjaculateur impérieux, conquérant et tyrannique. Un maître du coït.

— Je reconnais bien là ta tentation pédagogique, Pygmalionne ! Et comment comptes-tu opérer cet acte... chirurgical ?

— Toujours à quatre pattes, face à lui. Pas chienne – lionne ! Pygma-lionne ! Je lâche sa queue en érection maladive. Je plante mes yeux dans les siens. Je le défie du regard. Je pose ma main sur mon vagin. Je caresse mon minou jusqu'à ce qu'il me supplie de le branler encore. Je refuse. Il insiste. Je refuse encore tout en me cambrant de façon à ce qu'il puisse mater mon anus, mes lèvres et mon utérus bien ouvert. Il insiste encore. Je lui dis :

» — Oblige-moi à le faire ! Je suis ta chienne, ta pute, ta soumise. Frappe-moi !

» Il me donnera une gifle inhibée sur la joue, les seins ou les fesses.

» — Plus fort, tu vaux mieux que cela !

» Je plaque à nouveau ma main sur son gland enflé, sans pour autant le sucer. Il m'attrape par les cheveux et hurle :

» — Branle-moi, salope !

» J'accélère légèrement le mouvement. Il me donne une série de claques plus rudes sur les fesses, le visage et les reins. Je m'allonge devant lui de sorte que tout mon corps, est à sa merci. Il peut me piétiner s'il le souhaite. Il ne le fait pas, ce con ! Il pose deux genoux à terre si bien que ma bouche peut aspirer sa tige toute entière. Là, je lui ordonne, en prenant un air de martyre, qu'il continue de me battre s'il veut que je le

fasse jouir. Au gré des gifles qu'il m'octroie, il prend confiance en lui. Sa bite devient un véritable phallus de géant. Je flatte de mes mains son membre gonflé, je lui demande de bien la regarder, car elle est grosse comme celle d'un âne. Il est de plus en plus assuré d'être un athlète du sexe. Plus il me bat, plus je le pompe, le lèche, le suce... Juste avant d'exploser, il craint que je ne m'arrête comme précédemment. J'esquisse un mouvement de recul. Il saisit mes poignets pour ramener ma main vers son organe.

» — Ordonne-moi de t'avaler, lui dis-je.

» — Sale putain, tu es ma chose. Mon sperme va inonder ta gorge et ton cul.

» Il fait claquer sa main sur ma joue, très fort, cette fois.

» — Tourne-toi, salope.

» Bien sûr, il veut décharger sa semence trop longtemps contenue dans mon cul. Prestement je me remets à quatre pattes, le dos face à lui. Je prends soin de serrer les fesses au maximum, et je garde le buste bien droit. Ainsi peut-il tremper son vit durci, déjà un peu baveux, dans mon cul d'un coup sec, en me transperçant le fondement. Il jouit immédiatement. Je pousse un hurlement de douleur non feinte. Il reste un instant en moi, son corps épousant les spasmes de mes fesses violées par sa queue de maître dominateur...

— En fait, la coupe Stéphanie, tu es la bonne Samaritaine, quoi ! Et le lendemain, il divorce, il s'achète des costumes qui le mettent enfin en valeur, et il vend sa voiture ! Ce n'est pas mal combiné ! Bon. On va bien voir. Nous voici arrivées, ma chérie.

Sur le trottoir, elle saisit Maïna par la taille.

— Tu m'as fait mouiller, avec tes conneries, murmure-t-elle.

Dans l'ascenseur, elle lui prouve d'ailleurs ce qu'elle avance. Elle prend la main de Maïna, la glisse sous sa

jupe courte. Le string est trempé. Maïna sourit, et l'embrasse en lui enfonçant deux doigts dans la chatte. Stéphanie partirait comme une fusée, si l'ascenseur n'arrivait soudain à l'étage. Elles se désenlacent, en se promettant bien de conclure plus tard ce qu'elles ont si bien commencé.

Le dîner se déroule merveilleusement bien. Stéphanie et son amie sont les deux seules femmes de la soirée. Le chef d'orchestre de l'avenue Foch, William, leur hôte, est entouré de trois autres hommes, dont Yvan. Les deux filles minaudent à qui mieux mieux toute la soirée. À l'heure du digestif, Maïna s'esquive avec Yvan dans l'un des salons de cet immense appartement haussmannien. Et posément, elle réalise, point par point, le programme esquissé dans la voiture. Il éjacule comme prévu dans son cul avec fierté. La souffrance qu'il lui procure, en lui déchirant l'anus, active son désir.

Elle a à présent envie qu'un mâle majuscule lui défonce la foufounette. Sa vulve gonfle d'envie de se faire branler par une main brutale mais experte, ou par une queue lourde, longue et épaisse.

Elle rentre au salon, vêtue seulement de ses talons aiguilles. Un peu de foutre coule le long de sa cuisse, débordant de son cul distendu par l'enculade sauvage. Ses joues, ses seins et ses fesses sont rougis par les claques assénées avec autorité par Yvan, enfin révélé à lui-même. Sur cette peau de lait, encadrée de cheveux pâles, l'effet est spectaculaire. Et William, saisi, la prend à part.

— Nos amis s'en vont. Reste un peu avec moi...

Elle accepte avec joie. C'est un homme puissamment bâti, avec des épaules larges et un cou de taureau. S'il faut en croire les promesses de l'encolure, il doit être muni d'un sexe volumineux. Au pire, le machisme

dont il s'enorgueillit fait penser qu'il a certainement une poigne de fer suffisante pour la branler.

Les voici maintenant seuls. Il l'amène près du téléphone.

— Déshabille-moi ! ordonne-t-il.

Maïna s'exécute, légèrement perplexe. Pendant ce temps, William décroche le téléphone, compose un numéro et met le haut-parleur.

— Bonsoir, ma chérie. Comment vas-tu ? Je suis avec une douce amie qui écrit des textes érotiques.

— Bonsoir, mon amour, fait la voix au téléphone. Je suis dans mon palais à Marrakech. La nuit est chaude à souhait. M'as-tu déjà trompée avec elle ?

— Non, ma charmante ! Elle est en face de moi. Elle me déboutonne mon pantalon.

— Bandes-tu ?

— Ma queue est plus molle que celle d'un puceau attardé.

— Passe-moi ton invitée au téléphone. Je vais lui parler.

William tend le combiné à Maïna, et s'arrache des mains de la jeune femme. Son sexe est effectivement lourd et mou, pour l'instant.

— Bonsoir, belle princesse. Avez-vous fini de dévêtir *my lord* ?

— Certainement ! William est nu face à moi. Il s'est blotti à l'instant contre le radiateur du salon. Il m'observe du coin de l'œil.

— Bande-t-il ?

— Il est plus mou qu'un flan à la noix de coco !

— L'avez-vous déjà sucé ?

D'instinct, Maïna comprend qu'elle a affaire à une dominatrice. Elle lui répond d'un ton embarrassé :

— Vous ne m'y avez pas encore autorisée.

— Sucez-le un peu.

Elle s'approche de William, toujours très détendu, une main posée sur son sexe. Elle dégage doucement son sixième doigt, et le suce très délicatement.

— Bande-t-il maintenant ? s'enquiert la voix.

— À peine. Sa bite a esquissé seulement un mouvement lorsque ma bouche l'a embrassée. Elle ressemble à une langue de petit garçon.

— C'est ce qu'il mérite ! Il m'a trompée une fois il y a quinze ans avec une Marocaine. Depuis, il est privé de sexe !

J'ai l'impression d'assister à un bondage psychologique. William fond en larmes :

— Pardonne-moi, ma reine ! Jamais plus je ne toucherai à une femelle sans ta permission expresse !

— Tais-toi, sale ordure !

Sa voix se radoucit soudain, en changeant d'interlocuteur.

— Savez-vous où je me trouve, belle demoiselle ?

— Dans votre palais marocain, avez-vous dit...

— Je suis allongée, entourée par trois belles Marocaines plantureuses. Elles se branlent toutes les trois devant moi. Elles ont le charme et l'âme orientale que William aime tant. Je sens leurs phéromones onctueuses envahir toute la pièce. L'une exhale des odeurs de jasmin, l'autre de magnolia, et la troisième de menthe. Dis-moi, belle petite chatte latine, ta voix me donne envie de te connaître en profondeur. J'aime sa tonalité. Il paraît que tu es écrivain de charme. Parle-moi d'amour comme si tu parlais avec mon mari.

Maïna observe William. Il commence à se branler doucement.

Par quelle inspiration alchimique Maïna décide-t-elle soudain de dire ses désirs dans la langue de Shakespeare ?

— *William, you are so far away, in Marocco... All over you, there are slaves, naked slaves, slaves of your*

desire ! But I'm your favorite slave ! Fuck me, please, suck me, sodomize me. Fuck my ass, suck my cunt, lick my cunt, give me your prick, give me your dick, come in me, in my ass, in my cunt, in my mouth – all in the same time...

William se branle plus fort. La queue est encore tremblotante, dans sa main épaisse, mais le gland est tout gonflé de sang. Au bout du téléphone, on entend la reine onduler doucement. Sans doute l'une de ses esclaves l'a rejointe sur le lit.

— J'ai le sentiment, William, continue Maïna en français, que tu dois laisser le barrage se rompre. Laisse couler le flot du désir que notre conversation fait monter dans mon con...

William bande un peu plus au fur et à mesure des déclamations de Maïna.

— William, continue-t-elle, je te sens encore indécis. Stressé, peut-être... Continue de te masturber. Tu vas te métamorphoser en bête sauvage, en mâle enragé de vivre. Ton sperme va bientôt se déverser sur moi comme un ouragan, comme une tempête inattendue et attendue.

William se met à quatre pattes près du radiateur. Il se branle de plus en plus fort. Maïna s'approche de lui. Au son de ses talons aiguilles sur le parquet, la reine lointaine comprend qu'elle s'avance vers lui. Sans doute connaît-elle comme sa poche l'appartement de l'avenue Foch. Peut-être est-elle même vraiment sa femme... Peut-être ont-ils acheté ce lieu ensemble. Peut-être ont-ils des enfants...

— Diriges-tu ton cul vers William ? demande la voix lointaine.

Maïna préfère ne pas mentir. La voix est très autoritaire.

— Tout à fait, dit-elle.

— Bien ! Caresse-le avec ta langue, lèche-le, mais ne le pénètre pas !

Elle s'exécute. William débande aussitôt. Il se recroqueville contre le radiateur, tel un animal traqué.

— Comment réagit-il ?

— Il a débandé au premier contact de ma bouche !

— Parfait ! Continue de me parler comme si j'étais William.

Maïna comprend, aux gémissements étouffés qui passent dans le téléphone, que l'inconnue, là-bas, se fait laper le clitoris par l'une de ses esclaves arabes.

— Tu es à des milliers d'étoiles de moi, William, continue-t-elle. Ton instinct de conservation, ton instinct de conservateur, me fait craindre que si tu éjacules par la seule grâce de nos délires verbaux, tu hésiteras à me faire l'amour et à me pénétrer lorsque nous nous retrouverons dans la réalité.

La dame, là-bas, se tait. Sans doute attend-elle la suite.

— Tu es à des milliers de kilomètres, William, et je te désire pourtant. Le combiné du téléphone me fait penser à ton phallus.

William bande à nouveau. Sa reine m'interrompt méchamment.

— William n'a pas de phallus, coupe-t-elle. Il a une bite flasque, mollasse et avachie.

Maïna a décidé de ne plus se laisser dominer par cette voix lointaine. Elle reprend la parole, et son attitude semble enchanter William, car il bande de plus en plus fort.

— Touche-toi, prends-toi en main, caresse-toi et fais-toi jouir, William. Ensemence tes cuisses de ton sperme.

Et l'homme éjacule enfin, par petits jets saccadés. Il pousse des gémissements d'enfant. Dans le combiné, rien qu'un souffle rauque – un gémissement d'extase.

Madame envoie probablement son foutre dans l'une des trois petites bouches de ses âmes marocaines. Maïna accompagne leur coït de son verbiage :

— William, William, je vais te sucer maintenant, te faire rebander comme jamais, et tu me baiseras, et je désire de toute mon âme que tu ne saches plus si tu es dans ma chatte, quand tu es dans mon cul, ou l'inverse, ni si tu es dehors, ou dedans.

Les mots meurent dans sa bouche. Immédiatement, elle raccroche le téléphone, compose le numéro du radio-taxi, et sans un mot claque la porte de l'appartement. Dans le taxi qui la ramène à travers un Paris embrumé d'aube, elle s'endort et rêve dans son sommeil à tous les princes qui hantent sa vie et sa chair.

CONCURRENCE DÉLOYALE

Tout est chez Maïna concurrence déloyale. Consciemment et inconsciemment, tout est trahison chez elle. Son corps par son esprit, son esprit par son corps. Un objet par un deuxième, et tous les deux par un troisième. Une personne par l'autre, et toutes deux par une troisième.

Ces derniers temps, elle trompe ainsi sa main avec son peigne, qui est devenu un prolongement de son bras. Sa main prolongée par le peigne, passant et repassant, peignant et repeignant, ses cheveux blonds. Le matin au réveil, avant et après sa douche, et jusque dans la rue ou dans les voitures, elle se coiffe en permanence, tenant son peigne qui laboure ses cheveux mouillés en y creusant des sillons et ses cheveux secs en alignant les fils ténus de ses cheveux d'ange – ou de diablesse.

Puis elle trahit ses mains et le peigne avec ses doigts. Elle règle le diaphragme de son objectif en caressant le long tube de plastique et d'acier avec ses doigts de fée, en se remémorant des histoires de plaisirs et désirs les unes plus délicieuses et salaces que les autres, – avec ses doigts crochus de sorcière, pour se remémorer les tortures et les fessées dont se délectent certains de ses amants et elle-même, parfois.

Puis sa nature de traîtresse et prêtresse prenant le pas, elle délaisse ses doigts de photographe pour affûter ses ongles, afin de prendre à la gorge ses amants et maîtresses – Frankenstein féminin perçant de petits trous dans les aortes, artères et veines de ses victimes pour s'abreuver de leur sang. La préparation à cette cérémonie passe par l'identification du groupe sanguin de son vernis à ongle du jour, qu'elle étale avec beaucoup de soin deux à trois fois par jour.

Elle commence par enlever le vernis, posant et reposant des couches de couleurs variées au risque de renverser sur son appareil photo et le dissolvant et le vernis. Le dissolvant dégage, à un mètre de distance, une odeur de trahison incontestable. Puis elle peint ses ongles de rouges de plus en plus vifs au fur et à mesure que la journée s'achève et qu'arrive la nuit qui la rend sauvage, loup-garou – séductrice...

Mais bien entendu c'est la trahison, la concurrence déloyale organisée par le plaisir que Maïna prend de plus en plus chaudement et abondamment par l'intermédiaire de sa chatte qui rend son cul fou furieux de jalousie. Ses fesses se sentent délaissées, et peinent à consentir à l'orgasme, même quand on s'occupe de lui, tant il est coincé, étouffé par sa rage. Car, en effet, contrairement à sa grande rivale, cette chatte qui ruisselle de jus de toutes parts avant même d'être pénétrée, monsieur Derrière garde sa fierté et son élasticité de vierge à chaque fois effarouchée avant l'intrusion du plus petit comme du plus grand pénis, tant sa nature est renfrognée.

Dès que sa chatte sent le lait bourgeonnant d'un pénis à moins d'un mètre, elle le flaire et l'aimante vers elle, en émettant des phéromones qui rendent les phallus plus vigoureux que jamais, quels que soient leur taille, leur couleur et l'âge de leurs propriétaires. Une fois l'objet à sa portée, la chatte toujours en cha-

leur arrive à en extraire la quintessence, comme elle pomperait le lait d'un pis de vache, cet objet délicieusement délictueux que ses mains et sa bouche, au service sa foufounette experte, traient jusqu'à l'épuisement. Sa chatte toujours assoiffée a, en effet, pris goût au sperme crémeux et sous toutes ses formes, chaud comme froid, crème fraîche ou yaourt fermenté. Le sperme est devenu un nectar dont elle se délecte pour se régénérer, comme on dit que le faisaient Messaline et la grande Catherine.

Cette soif, cette faim jamais étanchée de sa chatte généreusement ouverte tout en restant étroite fait le bonheur des phallus les plus réputés de France et de Navarre, d'Europe et des autres continents. Pendant ce temps-là, envieux des moments de plaisirs que collectionne sa concurrente de devant, le trou de son derrière, serré et jaloux, se renfrogne de plus en plus, se resserrant, se refermant sur lui-même. Mais contrairement à sa chatte, son cul est ainsi fait par Mère Nature, qu'à l'approche du moindre phallus, son anus renfrogné, bien que désireux d'être ramoné comme sa rivale, souffre beaucoup au moment de la pénétration. Cette concurrence déloyale, entre la souffrance de son cul et la joie de sa chatte, qui prend si naturellement son pied alors que son rectum crie de douleur en lâchant de petits pets, comme s'il voulait, le pauvret, se protéger des pénis dont il souhaite pourtant qu'ils l'enculent, rend son destin de plus en plus invivable.

Son derrière est fatigué, agacé de cette situation tristounette, alors que sa chatte jouit copieusement dans la même posture. Son cul n'arrête plus de se demander comment il peut cesser de se renfrogner côté cour, alors que côté jardin sa chatte miaule de plaisir. Comment se décoincer là, à son tour, pour rivaliser avec la décontraction de sa chatte quand elle se fait baiser ? Comment cesser d'être toujours vierge, et d'éprouver

tant de douleur à chaque pénétration du plus petit comme du plus grand pénis, avant de leur accorder, quelle que soit leur taille, laissez-passer et visa d'entrée.

Cette pénible situation vécue par son derrière le pousse à méditer pour trouver la stratégie et la tactique appropriées afin de desserrer les étaux de la concurrence déloyale de sa chatte toujours festive et si bien arrosée, avec l'éternel double sourire moqueur de satisfaction qu'expriment avec mépris à son égard les commissures de ses grandes et petites lèvres.

Cette stratégie et sa mise en œuvre tactique élaborée par son cul sont d'un machiavélisme redoutable. Il consiste à faire de la faiblesse apparente de son derrière frustré, au sens freudien du terme, et de ses complexes d'infériorité permanents dus à son étroitesse congénitale, une force qu'il va retourner, tel un judoka, contre la chatte jouissive, rivale et voisine, dont il n'est séparé que par un petit mur mitoyen, une simple cloison – que son aptitude, son habitude des doubles pénétrations a d'ailleurs usée jusqu'à en faire un mur de soie.

À cette fin, le cul commence à s'entraîner en allant régulièrement dans un gymnase club spécial où un gourou rompu à tous les arts martiaux lui prépare un programme d'assouplissement anal fait sur mesure afin de lui permettre de lutter à armes égales contre sa redoutable adversaire du devant, tout en gardant lui-même son identité de vierge sans cesse renouvelée. L'objectif poursuivi par le cul est de faire perdre la face et d'humilier son adversaire – la chatte – tout en gardant la dignité renfrognée de la sienne.

Le premier exercice consiste à organiser la visite anale d'une fine baguette en ivoire d'éléphant, pillée en Afrique et sculptée en Asie, dont l'extrémité, à l'instar du fond des petites tasses à liqueur, est décorée de la tête du méat toujours rose (même chez les Noirs)

et d'un gland souriant. Au cours des premières séances, le gourou judoka, ceinture noire huitième dan, lui enfonce cette baguette sur une profondeur ne dépassant jamais dix centimètres.

Au début, il s'arrête souvent à la moitié de cette distance afin que, stimulé par une centaine de va-et-vient, son cul redemande lui-même que cette baguette magique s'enfonce de plus en plus loin dans les mystères de sa boîte noire. Après une centaine d'exercices identiques, étalés sur un mois, son derrière a en effet gagné une souplesse et une élasticité remarquables, tout en redevenant vierge une fois l'exercice terminé.

Le cul a ainsi l'impression d'être un avion qui plane de plus en plus loin vers des horizons et pays envoûtants, rassuré par sa boîte noire, si bien qu'en cas de déchirement ou d'accidents imprévus provoqués par la baguette en ivoire, la sécurité sociale couvrirait son arrière jusqu'à lui garantir un héritage confortable pour ses enfants et ses arrière-petits-enfants ! Dès les premiers exercices, tant de raffinement dans la quête de la vengeance mitonnée contre la chatte fait que le derrière commence, petit à petit, à prendre lui aussi son pied comme sa rivale du devant.

Le second exercice commence le deuxième mois. C'est une visite organisée de un, puis de deux et enfin de trois doigts enduits de beurre du maître judoka, qui effectuent de rapides allers-retours dans l'arrière-cour de son couloir anal. Cet endroit, ou plus exactement cet envers, dépotoir de toutes les nourritures variées que sa maîtresse ingurgite goulûment, est devenu la cave et la poubelle des restes de ces aliments digérés par pure gourmandise, pendant qu'elle renvoie le surplus par la bouche même où elles sont entrées.

Les déchets conservés au bout de cet intestin grêle arrivent jusqu'à son plafond anal. Là, ils se transforment en puissant compost fertilisant, provoquant auto-

matiquement le désir, attirant encore davantage vers son derrière les pénis qui labourent habituellement sa concurrente du devant. Les phallus de ses amants sont ainsi comme des gauchers contrariés auxquels on attacherait la main directrice dans le dos pour qu'ils utilisent la droite.

Ainsi, l'adresse en même temps que la déviance des pénis adroits de ses hommes attirés par l'étroitesse permanente du cul délaissent son côté jardin pour son côté cour. Si bien que la chatte est à son tour profondément triste et malheureuse. De plus en plus jalouse de l'attrait qu'exerce sur ses amants de passage ce cul traditionnellement renfrogné mais devenu, à force d'entraînement, souriant et vengeur.

La chatte de Maïna regrette d'avoir méprisé et sous-estimé son cul à l'apogée de sa puissance jouissante. Elle se rappelle avoir été aussi étroite que lui pendant les brèves semaines qui ont suivi son dépucelage, avant de perdre complètement son élasticité, et de devenir béante comme les couloirs des métro élargis par la fréquence accélérée des rames qui les traversent.

En même temps qu'elle médite sur les coups qu'elle va mettre au point pour prendre sa revanche, elle décide de trouver des formes de coexistence pacifique avec son derrière borné qui fait soudain le fier. Elle lui propose un armistice sous forme d'un partage équitable et égal du phallus de ses amants venant un jour lui rendre hommage, et, le lendemain honorant exclusivement son cul.

Le troisième et dernier exercice dans la formation intellectuelle et corporelle que suit ardemment son cul pour faire de sa victoire sur la chatte un triomphe total et absolu est de se préparer à accueillir la pénétration par le solide et respectable phallus du judoka, comparable en tout point à celui du célèbre acteur de film pornographique italien Rocco Siffredi.

À force d'entraînement, le cul ne désire et n'attend que cette pénétration. Nature formidable que la sienne, car même bien entraîné et préparé par les deux exercices précédents, souhaitant ardemment être labouré par ce beau phallus vivant, il est, au moment de l'accueillir, à nouveau comme une vierge effarouchée pénétrée pour la première fois. Le judoka renouvelle cette expérience chaque jour pendant un mois, heureux de constater cette virginité permanente du cul de son élève, qui étreint si délicieusement son membre qui en raffole.

À chaque fois, l'anus et le couloir anal reconstituent leur virginité, si bien que leurs contours épousent toujours au plus près les sinuosités du phallus, même après une très bonne et abondante lubrification par le sperme du judoka mélangé à son propre engrais. Pour clôturer le dressage et la formation du cul, le judoka finit même par uriner au plus profond de la boîte noire du cul. Cela procure à ce dernier un plaisir sidérant, comme si on sabrait du champagne pour célébrer son triomphe absolu par K.-O. et de haute main sur la concurrence déloyale de la chatte.

Cette victoire totale donne au derrière de Maïna une assurance supérieure à celle qu'avait autrefois sa rivale du devant. Le cul commence à développer une réflexion transcendantale, celle des empereurs des trous du cul et des impératrices connasses qui régnaient au cinquième millénaire avant la naissance du Christ dans les régions où l'on vient de découvrir les traces de Néandertaliens.

La profonde connaissance du passé et de l'histoire de sa propre nature et de celle de sa rivale le conduit à réfléchir sur les grands problèmes agitant alors les différents aspects de la globalisation devenue l'épicentre des questions traitées par les experts de la Banque Mondiale et du Fonds Monétaire International.

Il décide donc d'assumer les fonctions de ministre de la Cul/ture de la planète Terre.

Il cumule cette charge avec celle de ministre de l'Agri/cul/ture car il a constaté que sur cette planète, près de la moitié de ses habitants se trouvant dans les tiers et quart monde souffrent de famine et de soif. Il devient donc lui-même fournisseur direct d'engrais et de compost extraits du plus profond de son être et néant sartrien pour satisfaire les besoins en nourriture et en eau du monde entier.

Pour bien remplir sa fonction, il n'hésite pas à saccager quand il le faut les stocks d'excédents agricoles de l'Union européenne et de l'Amérique du Nord pour les donner généreusement à ceux qui en ont besoin par l'intermédiaire d'ONG humanitaires, choisies à la fois au sein du mouvement altermondialiste et parmi les libéraux.

Ainsi, pour satisfaire les besoins en eau des régions désertiques et assoiffées à travers le monde, il met sur pied une multinationale privée, en partenariat avec sa rivale de chatte vaincue et soumise avec laquelle il assure une distribution équitable et profitable de ce précieux liquide dont le prix monte aussi rapidement que celui du pétrole.

À cette fin, il entraîne la chatte soumise à devenir une fontaine intarissable d'où sortent à la fois abondamment de l'urine mais aussi une sorte de crème d'amour succulente. Celle-ci donne aux céréales, fruits, légumes, fleurs et même aux arbres une luxuriance qui enchante les hommes et les femmes de cette Terre – ainsi que les animaux. Tous ces êtres, cette nature satisfaite par la bonne gouvernance exceptionnelle du cul le nomment Président – Directeur Général de la planète Terre.

Cette vision d'une humanité et d'une nature heureuse entraîne le cul à s'élever plus haut encore dans

sa méditation. Il devient ministre du Cul/te chargé d'harmoniser, tout en respectant leurs particularités, les trois religions universelles, plus toutes les variantes du bouddhisme, du shintoïsme, de l'animisme – et les cultes les plus bizarres. C'est l'apogée de la victoire du cul spirituel sur le con et la chatte charnelle de Maïna, puisqu'il rend la planète entière spirituelle, là où le con le réduisait à sa stricte condition corporelle.

Car il y a, dans l'enculade, une dimension spirituelle que jamais le couloir reproducteur n'atteindra. Contrairement à ce qu'affirment les faux prêtres des religions révélées, la sodomie est bien plus prolifique que l'enconnement. D'ailleurs, amis lecteurs, vous le dites vous-mêmes. « Quel con ! », vous exclamez-vous pour marquer votre mépris. Mais lorsque, au passage de Maïna et de ses consœurs en baisades frénétiques, vous murmurez : « Quel cul ! », c'est pour marquer votre admiration. *Quod erat demonstrandum.*

Poupée de cire

Mais pourquoi avait-elle suivi cet homme ? Certes, il présentait fort bien : la quarantaine élégante, habillé par Saint Laurent – avec, dans ses yeux gris, une douceur inflexible qui avait quelque chose de religieux –, une association dont Maïna a toujours raffolé. De belles mains – et elle est toujours attentive à la forme, à la longueur, au soigné des doigts qui pourraient éventuellement labourer son sexe. Une conversation aisée, jamais un mot ordurier, qui laissait présager qu'il saurait, le moment venu, lui donner de ces ordres délicats qui fouettent ses sens : « Écarte bien tes fesses, et demande-moi de t'enculer profondément... »

— Venez donc chez moi ce soir, avait-il susurré. J'habite en banlieue, près des entrepôts de ma société...

Quant aux affaires qu'il pouvait gérer, il était resté dans le flou. Quelle importance, d'ailleurs, de savoir si l'homme qui vous tringle fait dans l'export ou l'import, tant qu'il vous mène aux transports ?

Belle maison, cossue, dans la banlieue sud-ouest de Paris. Des meubles de verre et d'acier, nets et immaculés comme leur propriétaire.

L'affaire s'était déroulée comme elle avait pu l'imaginer. Après deux coupes rituelles d'un excellent champagne – un Roederer gardé au frais pour une telle

occasion –, l'homme l'avait invitée à se déshabiller, puis à le déshabiller lui-même. À genoux devant son hôte, Maïna, avec la lenteur hâtive dont elle sait faire preuve en de telles circonstances, avait ouvert le pantalon, et dégagé des pans de la chemise un membre dont la forme, la longueur, le poids et le goût l'avaient si bien excitée qu'elle s'était sentie, tout en suçant de son mieux le phallus considérable, tout huilée de sécrétions, prête à être investie par sa conquête de la soirée, et par où il lui prendrait fantaisie de la prendre.

L'homme s'était soudain extirpé de la belle bouche maquillée d'un rouge profond. Il lui avait souri.

— Attendez, avait-il dit.

Il s'était reculé de deux ou trois mètres.

— Mettez-vous à quatre pattes, avait-il ordonné.

Maïna, le cul en feu, avait obéi. L'homme – comment s'appelait-il, déjà ? – était bien du genre à l'enculer à sec. Et déjà elle redoutait/ ambitionnait la brûlure de son anus forcé par ce membre presque excessif.

Mais l'homme s'était éclipsé, quelques instants. Quand il était revenu, il était exactement derrière elle, et c'est à peine si elle avait compris, à un léger déplacement d'air, qu'il était à nouveau tout près d'elle. Elle s'était psychologiquement ouverte de son mieux, certaine d'être baisée, d'une façon ou d'une autre, dans la seconde qui suivrait – et qui chantera jamais les délices de la femme qui attend instamment qu'une belle bite désirée laboure son ventre ou ses reins ?

— Mettez-vous à genoux, avait commandé la voix.

Voulait-il à nouveau sa bouche ? Ce si court espace de temps avait peut-être suffi pour qu'il débandât quelque peu, et sans doute voulait-il expérimenter à nouveau la profondeur exquise de sa gorge...

Mais il était dit qu'il ne ferait jamais rien de ce qu'elle prévoyait. L'homme avait ramené ses mains

dans son dos, et les avait liées fort vite, et très adroitement, avec une cordelette nouée serrée. « Un amateur de bondage ! » avait conclu Maïna dans son for intérieur. Elle avait déjà joué à ces jeux, et y trouvait, devait-elle s'avouer, un plaisir louche.

Ce plaisir anticipé, l'homme parut vouloir s'en assurer : il laissa couler sa main entre ses cuisses, enfonçant un, puis deux doigts dans sa chatte baveuse, titillant son point G, ressortant pour flatter son clitoris, retournant en arrière pour développer l'élasticité de son anus étoilé. Préliminaires que Maïna goûta fort...

... lorsque soudain une sensation intense de brûlure lui déchira le cul. L'homme venait d'abattre sur ses fesses, d'un coup net et appliqué avec vigueur, les lanières d'un martinet pour enfants désobéissantes.

Maïna avait connu déjà des amateurs de fustigations douces. Elle connaissait les joies subtiles de la fessée, le plaisir louche des coups de plat de ceinture appliqués avec vigueur – mais toujours dans des limites raisonnables. Elle savait que les petites douleurs mènent aux grandes joies. Elle ne s'inquiéta donc pas de se sentir labourée par les lanières de cuir – même si l'homme, franchement, frappait fort...

C'est qu'il ne désirait pas l'exciter davantage, ni même lui procurer un plaisir délicat. Il voulait des cris, il voulait des larmes, et il les obtint assez vite. Maïna protesta, se tordit, gémit, hurla enfin. Le petit fouet aux lanières multiples s'abattait avec une régularité, une précision qui dénotaient, chez son tortionnaire, une longue habitude.

Enfin, il cessa.

Elle était en feu. Son ventre et ses reins lui envoyaient des signaux contradictoires. Son épiderme malmené brûlait. Mais sa chatte, peut-être plus éclairée qu'elle-même, distillait une mouille abondante.

L'homme d'ailleurs parut céder aux instances du ventre qui l'appelait. Il installa Maïna à croupetons, la face contre l'épaisse moquette blanche, les reins exhaussés, et l'enfila sans plus de cérémonie en levrette – butant tout de suite au fond de sa matrice, comme s'il voulait la déchirer.

Elle cria, et jouit presque dans son cri. La verge qui la labourait lui paraissait se frayer un chemin inédit dans son ventre. La douleur du fouet avait resserré les sphincters, et ce fut comme un second dépucelage.

L'inconnu la lima jusqu'à ce qu'elle s'ouvre, jusqu'à ce que ce second hymen, l'hymen mental, cède définitivement. Quand il fut sûr qu'elle serait à jamais ouverte, disponible désormais pour les assauts les plus impétueux, installée dans la soumission comme un bernard-l'hermite dans sa coquille, il sortit d'elle, écumant, posa l'extrémité de son vit sur la rosace éperdue de son cul, et la sodomisa aussi vigoureusement qu'il l'avait baisée.

Elle cria à nouveau, plus faiblement, car la vague de plaisir étouffa son gémissement dans sa gorge.

Son dernier pucelage céda, devant l'intensité de la sensation. Elle sentait les poils de l'homme frotter contre ses fesses. Elle savait qu'elle avait dans le cul le double-décimètre d'une barre de chair d'un calibre hautement respectable. Elle avait déjà encaissé des intromissions plus imposantes, mais rien qui lui procura ce flot de volupté.

Dans son délire, elle se remémorait des fragments d'un roman lu autrefois, qui lui avait coûté quelques masturbations efficaces : *Je meurs de plaisir, avouait l'héroïne. Cette fustigation... ce vit immense...*

Maïna reconnut, quand elle revint à elle, que les coups de fouet avaient décuplé sa jouissance. C'était un traitement barbare, mais d'une efficacité sans pareille.

Il se retira d'elle sans jouir, et elle pensa qu'il se répandrait dans sa bouche. Déjà elle s'y préparait, mais l'obscurité se fit soudain : l'homme posait sur son visage un bandeau de velours, qu'il noua fortement sur sa nuque.

— Ne bougez pas, dit-il.

Elle sentit qu'il s'éloignait. Elle resta ainsi, comme on lui en avait intimé l'ordre, les hanches surélevées, les fesses vibrant de bonheur. Quelque chose de liquide coulait entre ses fesses, entre les lèvres de son vagin, sur ses cuisses. « De la mouille et de la merde diluée », pensa-t-elle – et l'idée d'offrir à l'homme qui l'avait si bien tringlée le spectacle de ses orifices désemparés l'excita considérablement.

Elle l'entendait s'affairer, à présent. Il allait et venait. Elle guettait le glissement des pieds nus sur la moquette. Elle mourait d'envie qu'il la pénètre encore, et encore, et encore. Elle voulait jouir à mort.

Quand enfin il revient à elle, c'est pour la retourner délicatement sur le dos, en l'allongeant au sol. Enfin, il dénoue le bandeau.

Il a éteint l'électricité, constate Maïna. Mais il fait presque aussi clair que tout à l'heure, parce que l'hôte a allumé des dizaines de bougies de formes et de couleurs diverses. Bougies blanches très ordinaires, cierges d'église, couleur de miel, petites bougies de cire rouge, cette cire à cacheter qui coiffe les queues des poires...

Il lui caresse les joues, le cou, les seins, le ventre enfin. Le clitoris appelle ses doigts, mais l'homme le néglige. Il paraît ne s'intéresser cette fois qu'aux volumes, aux pleins et aux déliés de Maïna. Pour la première fois de la soirée, il l'embrasse sur la bouche. Il a une langue dure, inquisitoriale, qui refoule la sienne, la combat en duel, l'enrobe de force, la boit, la mange... Il croque doucement dans les lèvres épaissies

par le désir, il la grignote – et elle sent, sous cette tendresse bizarre, une envie de mordre qui l'inquiète soudain. Pourquoi l'homme l'a-t-il laissée attachée ? Pourquoi ces flammes dansantes, qui projettent sur sa peau de blonde des ombres dorées ?

« Mais pourquoi l'ai-je suivi ? » se demande-t-elle.

La sensation est soudain si violente qu'elle ne l'identifie pas tout de suite. L'homme la tient fermement par les cheveux, de la main gauche. De l'autre, il lui répand de la cire blanche sur les seins.

Elle se débat, bien sûr. La brûlure n'est pas insoutenable, loin de là, mais elle prélude, se dit immédiatement Maïna, à des sévices plus sérieux.

Elle a beau gigoter, l'homme la serre avec efficacité. La cire couronne les mamelons, coule sur l'aréole, descend vers les aisselles. Elle se tortille plus fort.

L'homme pose alors la bougie dans un support invisible, sur le côté, relève légèrement le visage de la jeune femme, et la gifle, deux fois, en aller-retour.

Il a mis du poids dans le coup, et Maïna a immédiatement les larmes aux yeux.

— Vous ne bougez plus, murmure-t-il.

Elle est saisie par l'absence d'émotion dans sa voix. Et elle sait, dès cet instant, qu'elle est sur le fil du rasoir. Que cet individu est prêt à tout.

Curieusement – il s'agit manifestement d'un rituel –, il la possède à nouveau, exactement comme il l'a fait tout à l'heure. Il revient dans sa bouche, jusqu'à la glotte, tout en continuant à répandre sur elle des gouttes de cire en fusion. Elle le suce avec désespoir, persuadée que seule son exacte obéissance la sauvera – de quoi ? Qu'est-ce qu'elle se refuse à formuler ?

Puis il la couche sur le dos, sur ses poignets toujours liés, qui relèvent ses hanches, et l'enfile par-devant. À nouveau, il s'occupe de ses seins, puis de son ventre.

Il a la cruauté de faire couler la cire brûlante sur le Mont de Vénus, à la naissance de la fente, qu'il ouvre de deux doigts tout en la fourrageant sans cesse – Maïna hurle à nouveau quand les longues limaces blanches et chaudes touchent son clitoris. Son ventre se resserre terriblement sur la queue qui l'habite, et dans son horreur elle sent l'homme la crucifier par le vagin, la dépuceler une troisième fois.

Et elle a un orgasme affreusement violent, comme s'il était le dernier.

L'homme enfin la retourne sur le ventre – elle sent les croûtes de cire se fragmenter contre la moquette. Il a disposé un coussin sous ses hanches, pour qu'elle lui offre plus aisément ses fesses, et il la pénètre, avec la même efficacité redoutable que tout à l'heure. Son anus est à nouveau crispé, et il la force sans indulgence, encore un pucelage au diable.

Quand enfin il est tout au fond de son rectum, qu'il l'a ouverte à nouveau comme une porte, il recommence son petit jeu, mais utilise cette fois les cierges d'autel, d'une cire plus dure, dont le point de fusion est plus élevé, et enfin la cire à cacheter, la cire rouge, qui lui inflige de vraies brûlures.

Elle se tortille, elle crie, elle hurle, elle pleure, elle prie – elle le supplie d'arrêter. Son muscle anal se contracte frénétiquement autour de la verge qui la fore si profondément. La jouissance qui la saisit alors n'a plus rien d'humain – c'est l'ultime expression de son corps torturé, l'ultime échappatoire...

Puis elle s'évanouit.

L'homme, calmement, sort d'elle. Il bande toujours d'une façon monstrueuse. Il regarde la jeune femme allongée sous lui, le corps maculé de taches multicolores. Et calmement, avec méthode, il épuise toutes les autres bougies, tous les autres cierges, sur cette peau

peu à peu recouverte d'une couche de cire irrégulière, comme une figure monstrueuse échappée des mains d'un sculpteur fou...

... jusqu'à ce qu'elle en soit entièrement recouverte, pile et face. Il lui a même replié les genoux, pour verser de la cire dans le sexe bâillant. Il n'a épargné que le visage.

Son corps tout entier n'est plus que la parodie de ce qu'il fut. Comme s'il avait fondu. Les formes sont estompées par les monticules de cire. L'homme a pris plaisir à resculpter sa victime, à lui dessiner des courbes inédites, à combler les creux et les déliés. Elle ressemble à présent à une stalagmite effondrée – ne serait-ce ce visage encore pur qui émerge de la lave figée.

Est-elle morte ? Il la scrute longtemps, en se caressant d'une main nonchalante. Il écoute son cœur, sous la croûte de cire solidifiée. Rien. Il pose un doigt sur le cou, là où devrait battre l'artère. Il ne sent rien, rien en tout cas de perceptible.

Ce n'est qu'à ce moment qu'il s'est donné la permission de jouir. Et les longues traînées blanchâtres qu'il a lancées sur le visage de Maïna sont une touche ultime à son œuvre. Du bout de la queue, il étale le sperme sur le visage blafard de la jeune femme.

Il dit quelque chose d'indistinct.

Plus tard, douché, rhabillé, il revient dans le salon. La poupée de cire indistincte est toujours là, immobile. Il tient à la main un Nikon F3. Il rallume les lampes, les oriente de façon à ne rien laisser aux ombres. Et posément, sous toutes les coutures, il photographie son œuvre.

Postface

Pour un nouveau libertinage européen

Your daughter and the Maure are making
The beast with two backs.

Sheakespeare, *Othello.*

Ces courtes histoires, cette chanson, ces cris – comme on voudra appeler les pages qui précèdent – sont mon humble contribution à l'amour, à la joie, au désir et à la liberté.

Un peu de pédantisme ne nuit pas à l'érotisme : c'est bien plus chez ce cher Spinoza que dans les Kama-Soutra que j'ai trouvé l'inspiration de ces pages. Toute sa pensée est une invitation au bonheur. Corps, chair et esprit, tous unis, tous communs à tous les individus et à tous les peuples d'Europe et d'ailleurs, par-delà les clivages religieux, raciaux et sexistes.

Hymne au bonheur de l'Europe, mais aussi à sa joie, conjuguant le panthéisme de Beethoven et la quête charnelle de Ludwig. Car nous sommes tous doubles – aspiration au bonheur, bonheur de foutre. Halètements du corps et de l'esprit.

Qu'est-ce que l'Europe ? Une maison ouverte aux désirs, une maison à quinze chambres au moment où j'ai commencé à écrire, une maison à vingt-cinq pièces

au moment où se referme ce livre – et demain vingt-sept, voire vingt-huit ou trente !

Tous territoires de l'amour...

Convaincue que c'est la force de l'amour bien plus que la force de l'esprit qui permettra de réussir ce mariage entre les différents pays, les différentes cases du continent européen, ces nouvelles sont destinées à tous ceux qui comme moi pensent que l'Amour est le meilleur ciment de toute alliance.

Et au-delà de l'Europe, l'Asie dont nous sommes la pointe, l'Afrique dont nous sommes issus, tous enfants de Lucy que nous sommes ! Je me sens éthiopienne, chinoise et française pourtant, en même temps. J'ai en moi toutes ces racines. Toutes ces richesses.

Mon cri, à travers cette humble épître de la chair, cette petite Bible du foutre, cet évangile d'Éros, se perd dans le tumulte... Mais si nous étions nombreux à crier, à gémir, à jouir, qui penserait encore à se faire la guerre ?

Fichue époque (et je ne dis pas « foutue », ce serait lui faire bien trop d'honneur...) qui du slogan *Make love, not war*, a tenté de faire un objet de dérision. « Oh, qu'elle est *peace and love* ! » susurrent les abrutis.

L'homme et la femme – les deux moitiés du ciel, disait Mao Tse-Toung. Et Hésiode raconte que quand la terre et le ciel s'unirent, ils engendrèrent des dieux.

Si un, deux, trois couples, cinq, dix, vingt hommes, quinze ou trente femmes, en lisant ce compte rendu trop exact pour être tout à fait honnête, de ma vie privée, bandent et copulent dans un esprit de liesse, alors, le but sera atteint.

Un vrai écrivain érotique ne cherche pas la gloire : il veut produire du foutre.

Les frontières artificielles entre l'homme et la femme ne sont pas des murs, mais des passerelles. L'un

a besoin de l'autre pour exister, chacun a besoin de l'écart de l'autre – à tel point, que depuis fort longtemps, je suis hantée par la limpide clarté de Saint-Exupéry, quand il écrit dans sa *Lettre à un otage :* « Si je diffère de toi, loin de te léser, je t'augmente. »

Les nouvelles que vous avez pris la peine de parcourir, sinon de lire, sont une mise à nu de ma féminité et de ma masculinité, de mon humanité et de mon animalité. Vive l'amour sous toutes ses formes, sous tous les angles, à travers les temps et les espaces, pour renverser la totalité de notre petite Terre dans le Cosmos universel.

L'ordinateur, devant moi, attend la fin. Je lève les yeux vers la beauté de l'aube.

Septembre-octobre 2004

TABLE DES MATIÈRES

Les joies du ballon rond

11 nouvelles à lire seule les soirs de match de foot...

Emmanuelle Poinger

Mesdames, si vous en avez assez de voir votre tendre époux l'œil rivé à l'écran de télévision les soirs de match de foot, totalement indifférent à votre présence, cet ouvrage est fait pour vous. Emmanuelle Poinger s'est amusé à imaginer onze nouvelles drôles et sensuelles, pour que les femmes ne s'ennuient plus et aient de quoi se distraire lors de ces soirées en solitaire... enfin, plus pour très longtemps !

(Pocket n° 12878)

Variations érotiques

Femmes amoureuses
Collectif

Dieu seul sait ce qu'est capable de faire une femme par amour...
Laissant libre cours à leur inspiration, chacune de ces dix-sept plumes féminines a imaginé une histoire de femme amoureuse où elle dévoile le meilleur et le pire d'elle-même. Des profondeurs rafraîchissantes d'une forêt longeant une départementale à la pénombre complice d'un appartement bourgeois faussement sage, au rythme de quelques notes de jazz ou des éléments déchaînés, elles nous entraînent au paradis des lectures passionnelles.

(Pocket n° 12558)

Exploration du désir féminin

Désirs de femmes

Collectif

Qui oserait prétendre que les femmes s'intéressent moins au sexe que les hommes ? Le désir féminin est un vaste continent. Désirs enfouis, inavouables, fantasques ou vicieux, aucun ne doit être tu. Dix-huit nouvelles, dix-huit histoires singulières, toutes rivalisant d'audace et d'imagination pour susciter le trouble...

(Pocket n° 10850)

Il y a toujours un Pocket à découvrir

POCKET - 12, avenue d'Italie - 75627 Paris Cedex 13

GROUPE CPI

Achevé d'imprimer en avril 2007 par
BUSSIÈRE
à Saint-Amand-Montrond (Cher)
N° d'impression : 70609. Dépôt légal : mai 2007.
Imprimé en France